全国职业培训推荐教材
人力资源和社会保障部教材办公室评审通过
适合于职业技能短期培训使用

前厅服务基本技能

肖立 主编

中国劳动社会保障出版社

图书在版编目(CIP)数据

前厅服务基本技能/肖立主编. —北京：中国劳动社会保障出版社，2014

职业技能短期培训教材

ISBN 978-7-5167-1020-3

Ⅰ.①前… Ⅱ.①肖… Ⅲ.①饭店-商业服务-技术培训-教材 Ⅳ.①F719.2

中国版本图书馆CIP数据核字(2014)第061072号

中国劳动社会保障出版社出版发行

(北京市惠新东街1号 邮政编码：100029)

*

中国标准出版社秦皇岛印刷厂印刷装订 新华书店经销

850毫米×1168毫米 32开本 3.75印张 93千字

2014年4月第1版 2022年3月第3次印刷

定价：9.00元

读者服务部电话：(010) 64929211/84209101/64921644

营销中心电话：(010) 64962347

出版社网址：http://www.class.com.cn

前言

职业技能培训是提高劳动者知识与技能水平、增强劳动者就业能力的有效措施。职业技能短期培训，能够在短期内使受培训者掌握一门技能，达到上岗要求，顺利实现就业。

为了适应开展职业技能短期培训的需要，促进短期培训向规范化发展，提高培训质量，中国劳动社会保障出版社组织编写了职业技能短期培训系列教材，涉及二产和三产百余种职业（工种）。在组织编写教材的过程中，以相应职业（工种）的国家职业标准和岗位要求为依据，并力求使教材具有以下特点：

短。教材适合15～30天的短期培训，在较短的时间内，让受培训者掌握一种技能，从而实现就业。

薄。教材厚度薄，字数一般在10万字左右。教材中只讲述必要的知识和技能，不详细介绍有关的理论，避免多而全，强调有用和实用，从而将最有效的技能传授给受培训者。

易。内容通俗，图文并茂，容易学习和掌握。教材以技能操作和技能培养为主线，用图文相结合的方式，通过实例，一步步地介绍各项操作技能，便于学习、理解和对照操作。

这套教材适合于各级各类职业学校、职业培训机构在开展职业技能短期培训时使用。欢迎职业学校、培训机构和读者对教材中存在的不足之处提出宝贵意见和建议。

人力资源和社会保障部教材办公室

简介

本书首先对前厅服务基本认知进行简要介绍，加强学员对前厅服务基本知识的认知，在此基础上，对客房预订服务、接待服务、结账服务以及礼宾服务、电话服务、商务中心服务等内容进行介绍，使学员通过学习能快速上岗。

本书从当前前厅服务的基本岗位实际要求出发，针对不同层次的职业技能短期培训学员的特点，进一步精简理论，突出技能操作，从而强化技能的实用性。全书语言通俗易懂，适合广大有兴趣的学员，通过本书的学习，学员能够达到前厅服务岗位的工作要求，快速上岗。

本书由肖立主编，董宏伟参与编写，徐洪义审稿。

目录

第一单元　前厅部与前厅的基本认知……………………（1）

模块一　前厅部认知……………………………………（1）

模块二　前厅的相关知识………………………………（12）

模块三　前厅服务员的基本素质………………………（21）

第二单元　客房预订服务…………………………………（32）

模块一　客房类型与房价种类…………………………（32）

模块二　预订方式和类型………………………………（35）

模块三　预订的流程……………………………………（38）

模块四　预订的表单和设备……………………………（44）

第三单元　接待服务………………………………………（50）

模块一　入住登记………………………………………（50）

模块二　表单的认知与填写……………………………（54）

模块三　入住接待程序…………………………………（59）

第四单元　结账服务………………………………………（72）

模块一　客账管理………………………………………（72）

模块二　客账结算………………………………………（75）

第五单元　前厅相关服务……………………………………（81）
模块一　礼宾服务………………………………………………（81）
模块二　问讯服务………………………………………………（92）
模块三　电话服务………………………………………………（98）
模块四　商务中心服务…………………………………………（102）
模块五　贵重物品保管服务……………………………………（106）
培训大纲建议……………………………………………………（110）

第一单元　前厅部与前厅的基本认知

模块一　前厅部认知

现代饭店是设施设备完善、功能齐全、智能化控制的综合性群体建筑，它为满足社会大众对住宿、餐饮、商务、娱乐、购物和健身等不同服务项目需求而提供综合多样性产品。对大众而言，现代饭店的前厅实际上代表了整个饭店，前厅是客人与饭店接触时间最长、范围最广的场所，也是协调饭店所有对客服务的部门。

一、什么是前厅部

前厅部（Front Office）是饭店负责组织客源、销售客房、组织接待和协调对客服务、为饭店各部门提供信息、为执行决策者提供经营决策依据、为客人提供各种综合性服务的部门。

前厅部是每一位客人抵达、离开饭店的必经之地，是饭店对客服务的开始和最终完成的场所，也是客人形成对饭店的第一印象和最后印象之处。前厅部是整个饭店服务工作的核心，是饭店的“神经中枢”、联系客人的“桥梁”、经营管理的“窗口”，前厅部运转的节奏和效率直接反映饭店的服务质量和管理水平，影响着饭店的经济效益和社会效益。由此看出，前厅部及其每一位员工都要为树立饭店形象和声誉担当重任。前厅部的管理体系、工作标准及员工的礼貌礼仪、服务意识、操作技能都会对饭店产生重大影响。

二、前厅部的地位

前厅部的业务涉及面广，具有系统性、灵活性、协调性的特点，因此，对服务员的素质要求高，能够为客人提供准确、高效的服务。前厅部与饭店的营业收入息息相关，因为前厅部所处的位置能够最大范围地接触客人，而且前厅部的运转和管理水平直接影响到饭店的经营效果和对外形象，因此在饭店各业务部门中，前厅部具有非常重要的地位和作用，具体表现在：

1. 前厅部是饭店的门面，对于客人及社会公众对饭店的印象起着重要作用

前厅是饭店的一面镜子。饭店大厅的布局格调、艺术色彩、设施设备体现着饭店的星级，传达着饭店的文化理念和服务风格，是住店客人及社会公众对饭店的第一印象，即对饭店的档次及满意度给出初步评价。前厅服务人员的精神面貌、言谈举止、仪表仪容、工作效率能给客人和社会公众留下非常深刻的印象。而且，前厅部的服务贯穿于饭店对客服务的全过程，即客人抵店、住店、离店直至为客人建立客史档案，是饭店服务的起点和终点，在一定程度上决定着客人的满意度。因此，前厅是饭店的一面镜子，代表着饭店的形象。

2. 前厅部是饭店信息中心和对客服务协调中心

前厅部是饭店的信息中心，有效的信息经过收集、整理、分析，对饭店经营的有效性起着决策作用，因为它掌握饭店全部住宿客人的重要信息和相关资料，并将信息反馈到饭店的相关服务部门。如入住登记资料、客史档案资料等，这些资料对饭店向客人提供个性化服务具有重要作用。前厅部就是饭店运行的“中枢”大脑，在很大程度上控制和协调着整个饭店的经营活动。前厅部不但要向客人提供及时准确的各类信息，还必须把客人的各种信息准确地传达至相关部门，才能使各部门依据接待服务标准、工作流程及特殊要求等，完成服务接待任务。当客人遇到问题或提出新的诉求时，通常都会找到前厅部联系解决，希望得到满意答复。通常也是由前厅部出面与客人协商，提出可行的方案以解决客人的问题。

3. 前厅部是饭店的代表，是建立良好店客关系的纽带

前厅部是饭店的神经中枢，在客人心目中它是饭店管理机构的代表。客人入住登记在前厅，离店结算在前厅，遇到困难寻求帮助找前厅，感到不满时投诉找前厅。前厅服务员的言谈举止、办事能力将会给客人留下深刻的印象，而最初的印象极为重要。如果前厅服务员能以彬彬有礼的态度待客，以娴熟的技能为客人提供服务，或妥善处理客人投诉，认真有效地帮助客人解决疑难问题，使客人对饭店的服务感到放心和满意，就能使饭店在客人心目中树立良好的形象。建立良好的店客关系有利于提高客人的满意度，争取更多的回头客，从而提高饭店的经济效益。因此，饭店应非常重视改善店客关系，维系并加深饭店与客人之间的相互依赖和信任。

4. 前厅部是饭店决策的参谋以及创造经济收入的重要部门

前厅部是饭店与客人之间接触最多的场所，前厅部能收集到客人对饭店服务与管理的各种反馈意见，将这些信息进行有针对性的筛选和分析后，可随时向饭店决策部门提供反映饭店经营状况、存在问题及改进措施的相关信息，为制订和调整饭店计划和经营管理策略起到参考作用。饭店的营业收入主要来自于前厅部销售的客房，客房是饭店出售的最主要的商品，客房出租率越高、房价越高、销售额越高，经济效益就越高。因此，前厅部高效运转是饭店经济收入的重要保障。

综上所述，前厅部的工作直接反映了饭店的工作效率、服务质量、管理水平和经营效益。

三、前厅部的特点

1. 面对面服务，24 小时不间断

前厅服务贯穿于客人在饭店停留的全过程。从客人与饭店的第一次接触到客人抵店、住店、离店直至为客人建立客史档案，其过程可分为 3 个阶段，即售前、售中、售后，每个阶段都要直接服务。前厅部还承担着主要接待服务和经营责任，必须保证全

天24小时正常运行，不间断地为客人服务。

2. 接待广泛，服务灵活

前厅服务接待广泛，如迎宾接送、住宿接待、客服问讯、委托代办等业务，涉及范围广，服务需要灵活多变。不同的客人来自祖国的四面八方，文化差异、生活习惯各不相同，不同客人对同样服务的评价会产生不同的差别，同样客人在不同时间、不同心理状态下对同样服务的评价也会有较大区别，这就要求每一位前厅服务员揣测客人的需求动机，提供个性化服务。

3. 信息多，变化快，要求高效运转

前厅部是饭店经营活动中信息最集中的地方，每天要处理大量的信息，信息多、变化快、要求传递速度快的特点，决定了前厅部要重视信息的收集、传递和整理，以提高工作效率和服务质量。如饭店当日的客情预测、营业报表等信息及时传递给有关部门，有关部门的管理人员要随时掌握和分析各种信息，及时弥补漏洞，调整营销方案，减少问题的出现。

四、前厅部的任务

前厅部的基本任务是最大限度地推销客房商品及其他饭店产品，并协助饭店各部门向客人提供满意服务，使饭店的经济效益和社会效益最大化。

1. 推销客房

客房是饭店的主要产品，推销客房是饭店经营的首要任务。推销客房的成败，取决于销售人员主动推销意识、销售技巧、对饭店产品的熟悉程度。适时地向客人推销符合客人需求的房间，有利于提高客房使用率，也是提高饭店经济效益的有力手段。客房商品与一般商品不一样，它只提供服务，不发生实物转让。客人买到的只是某一段时间的使用权，而不是所有权。如果客房不出租，它的价值就永远无法实现，也就是说，客房商品的价值具有不可储存性的特点。因此，饭店要树立全员销售意识，让每一位员工都成为饭店商品的积极推销员，这是饭店本身营销的需要，也是优质服务的重要体现。

2. 接待客人

每个饭店都有针对本饭店特点而制定的服务流程和标准，前厅服务员按规范程序应尽快完成入住登记手续的办理，如果客人嫌登记手续烦琐，应进行适当的解释。

3. 为客人提供各种综合性服务

前厅部不仅向客人提供预订房间、住宿登记、留言、委托代办、退房结账等各项服务，而且客人的任何诉求都会向前厅部问讯。作为前厅服务员，应掌握各种信息，如饭店周边的交通、购物、医疗等详细和准确的信息，还应随时向客人提供饭店近期举办的一些活动信息，如美食节、字画展览等，丰富住店客人的生活，使客人感到方便，对饭店留下良好的印象。

4. 传递信息

前厅部是饭店经营活动的主要信息源，涵盖饭店经营的外部市场信息和内部管理信息，如旅游业发展的最新状况、饭店的出租率及营业收入等。前厅部不仅要有意识地收集这类信息，而且要对其加工整理并传递给客房部、餐饮部等相关经营部门和管理决策机构，以便采取相应的解决方案，从而搞好对客服务。同时，前厅部还应为客人提供其感兴趣的信息，如饭店近期举办的红酒讲座，饭店所在地的一日游活动等，让客人在饭店随时感受到服务的便捷。

5. 协调对客服务

作为饭店业务活动的中心，前厅部根据客人需求与饭店其他部门之间联络沟通，协调前台、后台之间的对客服务，达到使客人满意和饭店内部业务运转顺畅的目的。例如，当住店客人向前厅部反映客房空调不制冷，前厅服务人员应立即通过管理程序向工程部反映，联系维修事宜。总之，前厅部接到客人的任何不满与投诉，都应及时与相关部门协调，采取措施，以减少客人的抱怨，给客人满意的结果，让客人愉快地享受住店生活。

6. 控制客房状态

正确反映客房状况是做好客房销售工作的先决条件，前厅部在任何时候都要正确反映客房状况，一方面为销售部提供准确的客房信息，防止超额预订，另一方面是前厅部必须向客房部提供准确的销售客情。前厅部下属的预订处要及时了解房间出租的情况和房间状况，客房部也要及时通报房间状况，二者之间随时沟通，避免出现差错。

7. 建立客账

客人在办理入住登记手续后，前厅部收银处为住店客人建立客人账单，其目的是为了记录和监督客人与饭店之间的财务关系，保持饭店的良好信誉和保证饭店应获取的经济效益。前厅部负责记录带有客人签字的转账单，累计、审核住店客人的各项欠款，确保账目准确无误，杜绝逃账漏账现象的发生。同时，为离店客人办理结账、收款或转账手续。为方便客人、促进消费，多数饭店向客人提供一次性结账服务方式。

8. 建立客史档案

前厅部是饭店信息的交流中心，客人在住店期间饭店对客的服务信息，自然成为客史信息。大多数饭店都为自己的重要客户建立客史档案，并随时补充和更新客史档案中的相关资料，为饭店向客人提供个性化、人性化服务提供依据。

9. 辅助决策

前厅部处于饭店业务活动的中心，每天都能接触到大量的信息，如有关客源市场、产品销售、营业收入、客人意见等信息，将这些信息的统计分析工作制度化和常态化，将分析结果向饭店的管理层汇报，与有关部门协调沟通，以便采取对策，适应经营管理上的需要。前厅部还应充分挖掘从市场调研、预订接待、客史档案等原始资料中收集整理的信息，真正使前厅部成为饭店收集、处理、传递和储存信息的中心。前厅部管理人员还应参与客房营销分析和预测，进行月度、年度销售统计分析，向决策层提供有价值的参考意见，不断改善服务工作，提高管理水平。

五、前厅部的机构设置与岗位职能

前厅部的组织机构要根据饭店自身的类型、性质、规模、等级、管理模式、客源特点等因素进行设置，既能保证前厅运转的效率和质量，又能满足客人的需要。

1. 前厅部组织机构设置原则

（1）结合自身实际，符合饭店经营需求。前厅部组织机构的设置、职责划分、人员配备应从饭店的性质、规模、地理位置、经营特点和管理方式来确定，结合饭店自身实际，而非生搬其他饭店机构设置模式，同时还应结合饭店客源类型、客源档次、管理运作方式等因素，确定前厅部的岗位职责。

（2）机构精简，设置合理。前厅部组织机构设置，应分工明确、岗位职责划分清晰，便于协作和配合，利于管理，防止出现组织机构重叠、人浮于事的现象。要处理好分工与合作、方便客人与便于管理等方面的矛盾，做到机构设置科学、合理。现在，前厅部强调员工一人多能、一岗多能，员工人数少而精，组织机构的设置通常不再固定于某一模式。

（3）任务明确、团结协作、高效运转。前厅部组织机构设置、体系要健全，权责要分明，运转要高效，信息传达要顺畅，做到统一指挥、步调一致，尽量做到人尽其才、才尽其用，避免出现管理职能推诿、扯皮现象，充分发挥各级员工的工作积极性和创造性，有效地提高工作效率。

2. 前厅部组织机构图

因饭店规模等因素的影响，使得各饭店前厅部组织机构的设置有所差异，大体有以下 4 种情况：

（1）大型饭店前厅部管理层次多，而小型饭店管理层次少。如大型饭店前厅部组织机构划分为经理、主管、领班、员工 4 个管理层次，而小型饭店只有经理级、领班级、员工级 3 个管理层次。

（2）大型饭店前厅部组织机构下设部门多，而小型饭店下设部门少。如多数大型饭店的前厅部设有商务中心，而小型饭店则没有。

（3）大型饭店前厅部组织机构划分精细，不同的职能设置不同的岗位，而小型饭店组织机构有可能将其合二为一（如将预订处、问讯处归入总台接待处）。

（4）在众多大中型饭店的组织机构中，其前厅部与客房部是各自独立的部门，而有些小型饭店则将前厅部和客房部合二为一，以减少管理费用，加强这两个部门之间的联系与合作，提高沟通和管理效率。

各类型饭店前厅部组织机构如图1—1、图1—2、图1—3所示。

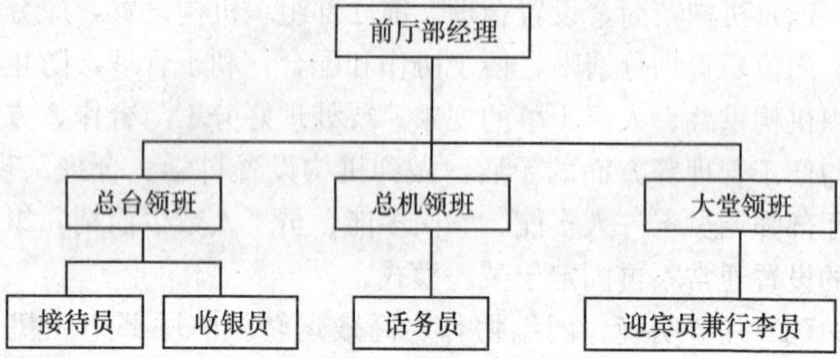

图1—1　小型饭店前厅部组织机构

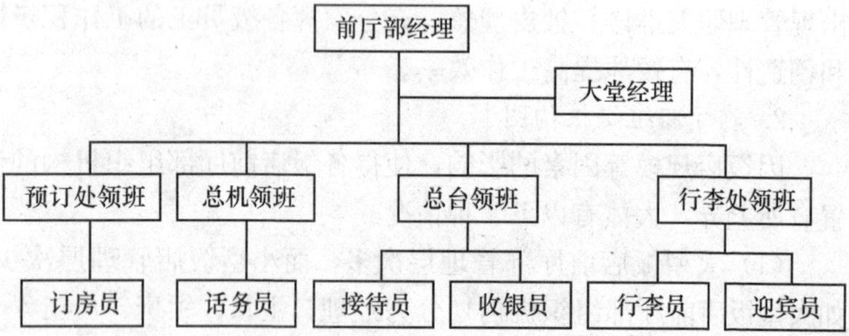

图1—2　中型饭店前厅部组织机构

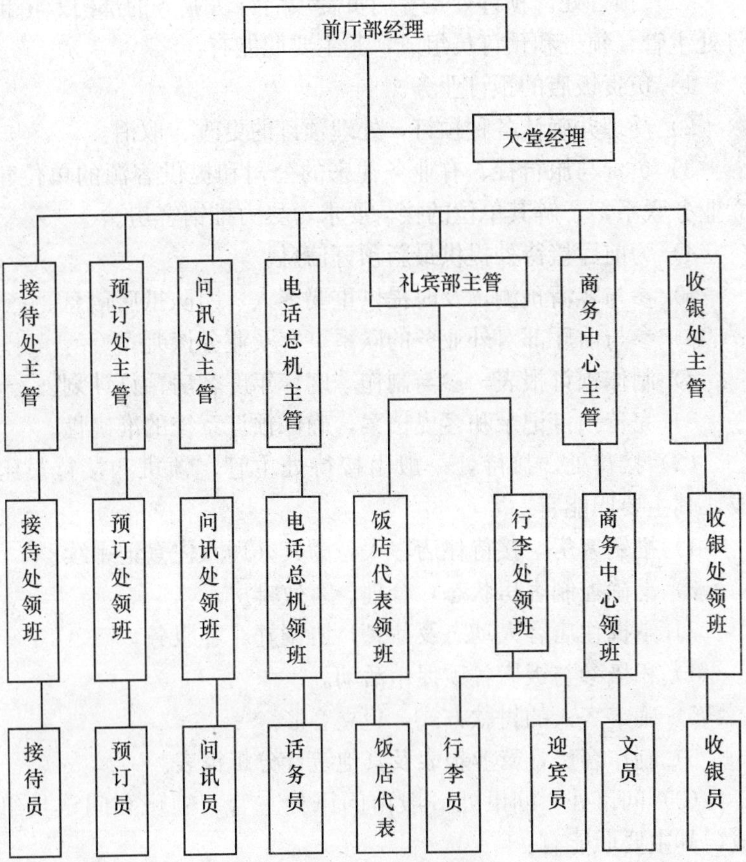

图 1—3　大型饭店前厅部组织机构

3. 前厅部各岗位职能

前厅部通常由预订、接待、问讯、收银、礼宾、电话总机、商务中心等部门组成。另外，通常在饭店前厅还设有其他非饭店所属的服务机构，如银行驻店机构、邮政部门驻店机构、旅行社驻店机构、民航及其他交通部门驻店机构等。前厅部的业务分工不同，但都设有以下部门：

（1）预订处。预订处是专门负责饭店订房业务的部门。由预订处主管、领班和预订员组成，其主要职能有：

1）负责饭店的预订业务。

2）受理并确认各种预订，处理预订的更改、取消。

3）负责与旅行社、有业务往来的公司和提供客源的单位建立业务联系，了解其单位的接待要求，尽力推销客房。

4）为前厅接待处提供最新预订信息。

5）参与客情预测，及时提供重要客人、团队抵店信息。

6）参与前厅部对外业务的联系事宜及业务谈判。

7）制作预订报表，参与制作季度、年度客房预订计划。

8）完善预订记录和客史档案，确保预订系统的准确性。

（2）接待处。接待处一般由接待处主管、领班和接待员组成，其主要职能有：

1）推销客房，接待住店客人，为其办理入住登记手续。

2）准确控制客房状态，合理、有效排房。

3）掌握住店客人动态及信息，协调好对客服务。

4）积极参与饭店各项促销活动。

5）确定客人的付款方式，建立客账。

6）制作客房日营业报表及其他统计分析报表。

（3）问讯处。问讯处一般由问讯处主管、领班和问讯员组成，其主要职能有：

1）解答客人问讯。

2）处理客人邮件、留言。

3）接待访客。

4）积极参与饭店各项促销活动。

5）协调对客服务。

（4）收银处。收银处一般由收银处主管、领班、收银员和外币兑换员组成，因业务性质决定，收银处常归饭店财务部管辖。收银处位于总台，其业务与总台预订处、接待处、问讯处有着不可分割的联系，加之直接面对面为客人提供服务，为确保前厅服务的一致性，有些饭店将收银处由前厅部管理和考核，实行双重管理，其主要职能有：

1）管理住店客人的账单。

2）密切与饭店各营业点收银员联系，催收、核实账单，监督客人的赊账期限额度。

3）提供外币兑换业务。

4）为住店客人提供贵重物品的保管服务。

5）负责在收账款的转账。

6）办理离店客人的结账手续，核实客人信用卡等。

7）制作饭店当日营业报表，夜间审核饭店的营业收入情况。

（5）礼宾部。礼宾部一般由礼宾主管、领班、迎宾员、行李员和饭店代表组成，其主要职能有：

1）替客人开关车门及店门，问候宾客，协助宾客提拿行李。

2）代表饭店到机场、车站、码头迎送客人。

3）向客人介绍饭店和客房设施，分送客用报纸、传真、信件及留言。

4）负责为客人提供行李寄存和提取服务。

5）替客人联系出租车，协助管理和指挥饭店大门口的车辆停靠，保持饭店大门口整洁顺畅，负责饭店大门口的安全。

6）及时向饭店通报贵宾到达的信息。

（6）电话总机。电话总机一般由总机主管、领班和话务员组成，其主要职能有：

1）负责内、外线电话的转接。

2）为客人提供叫醒服务。

3）回答客人的电话问讯，受理电话留言。

4）办理长途电话业务。

5）传递或消除紧急通知，保证在紧急情况下电话通畅。

6）提供请勿打扰电话服务。

（7）商务中心。商务中心一般由商务中心主管、领班和商务中心文员组成，其主要职能有：

1）为客人提供复印、打字、收发传真等服务。

2）为客人提供计算机拷盘及文字修订服务。

3）提供 Internet 商务服务。

4）提供翻译服务及商务服务咨询业务。

5）出租打字机和笔记本电脑。

模块二　前厅的相关知识

前厅是包括饭店正门、大堂、总服务台（简称总台）在内的为客人提供综合服务的区域。前厅是每一位客人抵达、离开饭店的必经之地，也是客人办理入住登记手续、访友会客、结账离店的场所。前厅的设施布局要体现饭店服务的特点，趋于人性化管理，前厅的装饰要有本饭店的特色，吸引客人，并且有大气、美观、典雅、宁静的氛围，前厅设施布局的合理性、美观性、安全性以及对客人的吸引力等方面对饭店营销起着重要作用。

一、前厅布局的划分

1. 正门

饭店的正门外观要新颖、独具特色，具有吸引力。正门通常由一个中门和一个边门构成，中门根据饭店的规模、客流量的多少来决定增开扇门的宽度，中门通常分成两扇，方便客人进出。饭店的中门通常采用颜色合适的玻璃制作拉门、自动门、旋转门，要选用厚度、强度适当的玻璃制作，玻璃门上要有醒目的标志，防止客人误撞玻璃门碰伤。中门一侧应开一扇边门，便于团体客人及运送行李物品等使用。有些饭店使用双道门，即内道门开时外道门关，外道门开时内道门关，这样可以起到防尘、保温、隔音的效果。档次较高的饭店设有旋转门和边门。使用旋转门的饭店，要有醒目的安全提示标识，以免夹伤客人。饭店在夜间关闭中门，只开边门。

饭店的大门前，应有供客人上下车的车道及回车道和停车场，使客人进出方便。有些饭店正门前还设计了小花园式的景观，以给客人留下良好的第一印象。正门台阶旁还应设置专供残疾客人轮椅出入的坡道，以方便残疾客人出入饭店。饭店通常在大门口铺设一块地毯，供客人擦干净鞋底后进入前厅，以保持前厅的整洁、干净。边门旁应设置伞架，供客人在阴雨天气存放雨伞，防止雨水弄湿饭店前厅地面使客人摔倒。饭店大门外的空地，通常应设置旗杆，一般设置3根，分别用来挂店旗、国旗和在酒店下榻的各国国家元首所在国的国旗。

2. 公共活动区域

前厅的面积、建筑风格要与本饭店的星级规格相匹配，公共活动区域应宽敞，这样才能给客人和员工提供一个足够的空间活动场所。饭店公共区域的通道应与客人通道、员工进出饭店的通道相分开，彼此互不干扰，既方便客人也便于服务员工作。在大厅的休息区域要适量摆放沙发或座椅，供客人使用。饭店门前店徽、店名标牌要干净，悬挂端正，字迹清晰、明亮，并有中英文对照名。前厅各公共区域的规划布局要合理，设施设备应齐全，环境应舒适。

3. 公共设施

前厅应配置内线电话、磁卡电话等公用设施，较高档次的饭店还应配备供客人查询有关饭店服务设施、服务项目等信息的触摸式计算机显示屏，方便客人使用。大厅内应设有用中英文文字及图形标识的供男、女客人使用的洗手间，并设有残疾人厕位。洗手间要宽敞、干净、无异味。

4. 贵重物品保险箱

通常放置在收银处，来保管客人的贵重物品。贵重物品保险箱应放置于安全、隐蔽的地方。目前，许多星级饭店在每间客房内设置了可供客人自己设置密码并存取的小型贵重物品保险箱以方便客人，既增加安全性，又避免客人贵重物品丢失或被盗。

5. 商务中心

设在前厅周围的公共区域，由专人负责。为了满足住店客人的需要，商务中心为客人提供打字、复印、收发传真、邮件代办等业务。商务中心应有安静、舒适的环境。

6. 总服务台

总服务台（简称总台）是饭店接待客人的前沿窗口，不同类型的饭店，根据其大厅的具体情况设计不同的总台，设计的理念是饭店能否吸引客人的重要因素。理想的总台应设置在一个能够让总台服务员观察到整个前厅、电梯、出入口情况的位置，以便于服务、管理和控制。

二、前厅的环境条件

1. 温度、湿度及通风

温度与湿度是密切相关的一组环境条件，合适的温度与湿度，使客人在饭店里感到舒适，同时会让前厅服务员工作效率有所提高。饭店通过中央空调，将前厅温度控制在人体感觉舒适的状态，冬季保持在 20～24℃，夏季保持在 22～24℃，相对湿度应控制在 40％～60％，整个环境就比较适宜。温度的变化对湿度没有太大影响，湿度的变化也不会对温度产生太多的影响，但湿度过大，会让人感到压抑或不舒适，进而影响工作效率。前厅要使用性能良好的通风设备来改善空气质量。大厅是一个人员密度大、耗氧量大的活动场所，如果通风不畅，会使人感到烦闷，最好的办法是采用中央空调系统进行通风。没有中央空调系统的饭店，也要采用自然通风的办法达到要求。

2. 光线与色彩

前厅内的光线要柔和，既要有自然光线的照入，又要有灯光的照射，灯光的强弱要渐变。太刺眼的灯光，会使人的眼睛过分紧张，产生不舒适的感觉；昏暗的灯光，会使人精神不振。太亮或太暗的灯光，不仅影响前厅服务员的工作效率，客人从光线明亮处来到光线昏暗处也会很不适应。所以前厅内的灯光照明设计，要结合建筑结构明暗变化，可采用自然光线与不同种类、不同层次的灯光相结合，使员工和客人在适宜的光照下工作。

饭店作为一种服务性的行业，色彩搭配的和谐，会营造出轻松、安静的氛围，使客人感受到家的温暖。前厅的活动区域应以暖色调为主，烘托出欢乐祥和的气氛，而服务区域的色彩应使用冷色调，使人产生平和的心境，营造轻松氛围。前厅的色彩还要依据饭店本身的建筑设计风格来确定。

三、总服务台简介

1. 总服务台位置

饭店总服务台的位置通常设在正门正对面的位置或侧面。总服务台的主轴线应与客人进出饭店正门的通道垂直或平行。让总台服务员站在总服务台内就能观察到整个大厅、各个通道以及大门外车辆进出情况，对于发现的可疑情况，及时解决，把隐患消除在萌芽状态，确保安全。从对客服务与安全角度都是必要的，有利于服务、管理和控制。

2. 总服务台规格标准

总服务台的规格标准是根据饭店前厅面积的大小、客房数量、饭店规模等因素来确定。总服务台的高度一般为 1.1 米左右，台面宽度为 0.45 米左右。总服务台内侧设有工作台，台面高度为 0.7 米左右，台面宽度为 0.6 米左右，供前厅服务员使用，在工作台上配备计算机、各种表单、刷卡机、办公文具等。总服务台内侧与墙面之间通常有 1.2～1.8 米的距离，用于前厅接待人员办公活动，工作台下面可放置文件资料等。

3. 总服务台形状

总服务台的形状可依据大厅的建筑结构有所区别，有直线形、半圆形、折线形等。直线形是饭店总服务台最多采纳使用的形状，它的优势在于使用面积大、服务功能划分清楚、管理方便。特色饭店在体现个性化服务的特点上，打破传统站立式服务，在宽敞、富丽的大厅分开放置几张商务大办公桌，配以舒适的靠椅，桌面上配置笔记本电脑，由训练有素的服务员向来店客人提供面对面坐式登记服务。这种寻求服务差异与特色的饭店，充分显示出竞争优势。

4. 总服务台功能

总服务台（简称总台）是为住店客人提供入住登记、问讯接待、账务结算、沟通协调等对客服务的场所。具有以下功能：

（1）营销功能。前厅部的首要任务是推销客房。客房是饭店销售的主要产品，饭店收入的40%～60%来自于客房的营业收入。前厅部与营销部联合销售饭店产品，能提高饭店客房的出租率和平均房价，取得更好的经济效益。

（2）信息功能。前厅部为住店客人提供各种服务信息，也为饭店其他部门提供客情，为饭店管理机构提供反映经营情况和服务质量状况的报表和数据。

（3）指挥协调功能。作为“神经中枢”的前厅部指挥和协调着整个饭店的经营活动。如客人在住店期间出现问题或提出新的诉求，通常由前厅部出面与客人协商解决问题。

（4）形象功能。饭店大厅的布局格调、艺术色彩、设施设备体现着饭店的星级，传达着饭店的文化理念和服务风格，使住店客人及社会公众对饭店的印象给出评价。前厅服务人员的言谈举止、仪表仪容、工作效率能给客人和社会公众留下非常深刻的印象。

（5）安保功能。前厅服务员要身兼数职，既是服务员又是保安员，需时刻保持高度的警觉，随时随地留意观察饭店安全情况，保证住店客人人身财产的安全。

5. 总服务台主要设备

（1）扫描仪（见图1—4）。前厅接待处应配备专用扫描仪用于扫描身份证。公安部门要求用扫描仪扫描住店客人的身份证件，这样可以使入住登记更加快捷、准确。

（2）身份证号码识别器（见图 1—5）。身份证号码识别器是读取第二代身份证的机器，第二代居民身份证利用容量较大的芯片作为机读存储器，写入的信息可划分安全等级，分区存储。另外，证件信息的存储和证件查询采用了数据库技术和网络技术，总服务台的计算机与公安机关可实现联网，快速进行查询和身份识别。

图 1—4　扫描仪

图 1—5　身份证号码识别器

（3）计算机。凡入住饭店的客人，身份信息全部录入到计算机内，总服务台使用的计算机，要求存储量大、运算速度快、计算机显示屏宽大。通常饭店客房间数在 100 间以内的至少设有两台计算机。

（4）打印机。打印机最好选用分辨率高、出纸速度快、不易卡纸、便于维修保养的品牌机。前厅服务员在平时要将打印机尽量调到省墨状态，以减少消耗、降低成本。

（5）钥匙及信件架。钥匙及信件架用于存放客用钥匙、客人邮件及留言单等。传统的钥匙及信件架是一个设置于总服务台侧面或下面的多格木架。木架上的每一格代表一个相对应的房间，格子的大小与深浅应以完全放下钥匙牌和不折叠信封的空间为宜。

（6）客房钥匙。客房钥匙的发展经历从传统机械式向现代电子式演变。客房门锁及钥匙统称客房锁匙系统。传统的机械式门锁功能单一，依锁而配制的钥匙只能是一把钥匙开一间房门，客房门锁的钥匙易仿制、安全性差、隐患大。随着饭店业的发展，客房趋于采用一些安全可靠的新型门锁，如电脑磁卡锁、IC卡锁、电子光卡锁、磁片锁等。

1）电脑磁卡锁。由锁内的磁卡阅读器和微电脑控制来开启客房门。客人入住时，将客人的信息通过设定密码写入磁条。客人开门时，只需将磁卡插入锁中读卡器的缝隙中然后拿出，锁中的微电脑即可判断是否为合法磁条，决定是否开门。该锁通常设置10亿个以上密码，万一钥匙丢失可重新设置密码，使丢失的钥匙失效，因此磁卡锁具有存储量大、可反复使用的特点。

2）IC卡锁。又称智能卡，是由一个或多个集成电路芯片组成，其功能与磁卡锁基本相近，只是钥匙的“卡”略有不同。它具有防磁、加密、使用寿命长、功能强的特点，同时，还具有思维和运算功能。

3）电子光卡锁。它是利用带孔眼的塑料卡片作为钥匙控制门锁的电磁产品。光卡的暗孔在通常情况下是看不到的，通过锁具的光学系统检索常人看不到的密码而达到开锁的目的。这种锁保密性较差，安全性不及磁卡锁，已逐步被淘汰。

4）磁片锁。实际上是一种机械锁，它是以带有磁性的金属片作为钥匙，磁片中安装的按一定顺序排列的小磁铁吸动锁具内的锁栓，达到开锁的目的。磁片锁结构简单、直观、安全性不高，磁片钥匙不能随意更改和重新设置，可以仿制，一旦钥匙丢失，门锁必须更换。

（7）信用卡刷卡机。总服务台应准备信用卡压卡机和POS

机，分别用于手工刷信用卡和计算机刷信用卡。

（8）验钞机。收银处还应准备验钞机以识别人民币的真伪。

（9）贵重物品保险箱。它是饭店免费为住店客人保管贵重物品而设置的保险箱。贵重物品保险箱应放置于安全、隐蔽的地方，并靠近总服务台的收银处，方便客人存取贵重物品。许多星级饭店在每间客房内设置了可供住店客人自行设定密码、自己存取的小型客用贵重物品保险箱，方便客人使用。

（10）其他设备。前厅部对客服务的运转效率在很大程度上依赖于所配置的设备状况。随着计算机的应用与普及，其功能的日益完善和强大，越来越多的饭店前厅配置了计算机设备，节省了总服务台的空间，扩充了服务信息，提高了工作效率，也减轻了前台服务员的工作量。但传统方式运作的饭店，还借助于手工操作，需要以下一些必备设备：

1）房间状态显示架。对于没有计算机设备的饭店而言，前厅部接待处使用房间状态显示架来显示饭店所有客房的房间状况。房间状态显示架通常是用金属材料制成，根据饭店的房间数量与房号，确定格子的数量，格子按饭店的房号顺序排列，每一格代表一个房间。为了更好地显示房间状况，接待员用不同颜色的卡片代表不同的房态，如红色卡片代表住客房、绿色卡片代表空房、黄色卡片代表走房、紫色卡片代表重要客人房，并将之插入相应的格子里，来显示不同的房间状况。

房间状况也称房态（Room Status），又叫客房状态，是指对客房使用、清扫、待租等情况的一种标示或描述。客房随着客人入住和离店活动的频繁变更，房间状况处于各种状态的变换之中，准确的房态状况显示，是前厅服务员做好客房销售和提高接待服务分房速度、保证准确的关键。常常出现的房态有：

①空房（Vacant Room，VAC），又称 OK 房。指已经打扫干净、有待出租的客房。

②住客房（Occupied Room，OCC），又称实房。指住店客

人正在使用的客房。

③走房（Checked-out Room，C/O），又称走客房。指客人已经退房但服务员未打扫的客房。

④长住客人（Long Stay Guest，LSG），又称长包房。指长期由客人包租的房间。

⑤重要客人（Very Important Person，VIP），指对饭店经营管理有极大帮助者、知名度很高的人士、各国部长以上的领导人、饭店行业或旅游企事业的高级职员和各级经理。

⑥待维修房（Out-of-order Room，OOO），又称坏房。指房间设备发生故障正在维修暂不能出租的客房。

⑦请勿打扰（Do Not Disturb，DND）。住客为不受干扰，在房门外的门把手上挂上“请勿打扰”牌或打开墙壁上的灯光显示“请勿打扰”字样。它是一种临时状态，意味着饭店服务员不能即刻进入房间提供服务。

更多的饭店目前都采用计算机系统来显示房间状态（见图1—6）。饭店配备联网的计算机终端系统，通过各自部门的操作来了解、传递和掌握房间状态的信息。前台接待员将客房出租

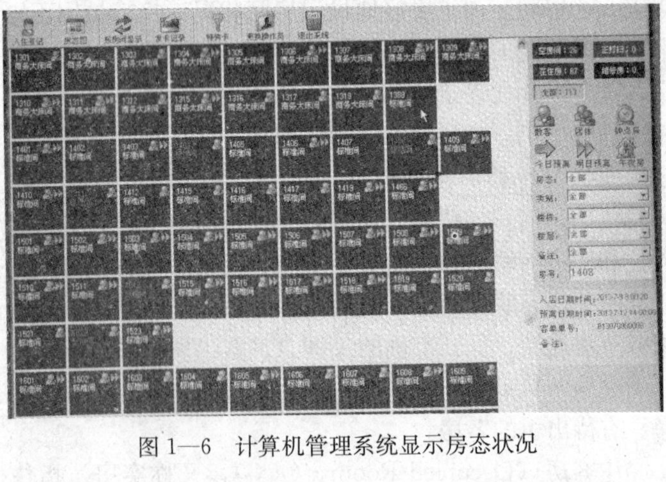

图1—6 计算机管理系统显示房态状况

后，计算机系统会自动更改房间状态，当客房卫生清扫、检查完毕后，利用计算机终端机将房态直接输入计算机，接待处通过计算机显示的房态出售客房。房态的显示更加及时、清晰，加快了饭店内部各部门之间的沟通速度，提高了工作效率。

2）客房预订显示架。是反映饭店未来或近期一段时间预订状况的工具。这是用于存放预订卡片的专用架，方便预订员随时取出或放入预订卡片，修改或补充卡片中的有关内容，通过显示预订信息卡片，可直接显示出未来每一天的预订状况，是一种手工管理的办法。

3）查询架。是住店客人信息查询的工具，通常放置在问讯处，供问讯员提供查询服务时使用。此架为可转动的多面棱柱形，按住店客人姓氏英文字母顺序排列，以便快速查找。

4）账单架。是用于存放住店客人账单夹的架子，放置于总服务台收银处，按房号排列存取。

模块三　前厅服务员的基本素质

作为一名合格的前厅服务员，要具有正确的人生观、良好的道德品质和职业素养、丰富的工作经验、娴熟的工作技巧、端庄的仪表以及对工作的自信心和责任感。

一、个人形象

个人形象通常指前厅服务员个人的仪表、仪容和仪态。仪表就是人的外表，包括姿态、风度、服饰等。仪容就是面容。仪态是指人在交往活动中的举止所表现出的姿态和风度。

作为前厅服务员，要五官端正、体形匀称、举止端庄、身体健康。在工作中，前厅服务员要精神饱满、仪表整洁、服装得体、面带微笑、站立服务，主动向客人问好；谈话中要语气轻柔、平和，语速适中，表达内容要清楚、准确、简洁。服务员的良好修养，会给刚入住的来宾留下美好印象。饭店对服务员仪表仪容要求和规定的内容，服务员必须遵守。

1. 仪表、仪容规范

（1）服务员应穿饭店统一配制的工作服，服装应干净、平整，工牌端正地佩戴在左胸处。

（2）发型美观、大方。女服务员不梳披肩发，长发需用深色发卡束起，男服务员要发不过耳。

（3）面容清洁。女服务员不可浓妆艳抹，要化淡妆；男服务员要经常剃须，不留胡须。

（4）勤洗手，常修指甲，女服务员不许涂指甲油。上班期间不允许佩戴各种饰物（结婚戒指除外）。

（5）服务员上班时一律穿黑色皮鞋或黑色布鞋，皮鞋保持清洁光亮，布鞋要干净。女服务员穿肉色丝袜，男服务员穿黑色袜子。

（6）勤洗澡，常换衣。

（7）上岗前不吃辛辣异味食物（葱、蒜、韭菜），保持口腔清洁。

2. 仪态规范

前厅服务员的仪态，包括站姿、坐姿、走姿、对客人的态度、说话的语气及面部表情等。服务员在工作中的正确举止如下：

（1）站立服务，面带微笑。其要领是：抬头、挺胸、收腹，腰要挺正而自然，从正面看，身体重心线应在两腿中间向上穿过脊柱及头部，重心均匀落在两个前脚掌，防止偏左或偏右。正确的站姿是：直立站好，双臂自然下垂，身体重心在两脚之间，双眼平视前方，抬头、挺胸、收腹。男服务员站姿，双脚与肩同宽，自然分开，双手放在身后，以保持向客人提供服务的最佳状态；女服务员站姿（见图 1—7），双脚呈 V 字形，双膝并拢，两个脚后跟靠紧，双臂自然下垂或体前交叉，右手放在左手上，以保持向客人提供服务的最佳状态。站立时身体不能东倒西歪，站累时可以将一只脚向后撤半步，但上身须保持正直。

（2）坐姿要端正（见图 1—8）。坐姿的要领是：入座轻缓，上身正直，挺胸，腰部挺起坐直，双肩自然放松，手自然放在双膝上，双膝并拢，坐在椅子 2/3 部位。就座时还应注意：不能晃动双腿，不能坐在椅子上前俯后仰、跷二郎腿，更不能腿跨在椅子或沙发扶手上、架在茶几上。

图 1—7 站姿

图 1—8 坐姿

（3）行走要轻而稳（见图 1—9）。正确的走姿是：昂首、挺胸、抬头、收腹，两眼平视前方，行走轨迹呈直线，走路轻稳，双肩放松，两臂自然摆动，不可摇头晃肩走路。在饭店行走时还应注意鞋跟不得拖地，不能将手插在口袋里，不可与他人拉手、搂腰搭肩，尽量靠右边行走，不要走在通道中间，如与客人同行，进门（电梯）或上楼客人在先。

图 1—9　行姿

（4）服务员同客人交谈时，必须站立服务，姿态大方，表情自然。要主动问候，善于聆听，与宾客保持适当间距，目光注视对方面部，不可左顾右盼、心不在焉。双手不可叉腰或抱在胸前，不能在客人面前有吃零食、玩游戏、修指甲、剔牙、伸懒腰等不礼貌的举止。

（5）同客人讲话完毕时，要进、退有序，先躬身退后一步，然后再转身离开，以示尊重客人。

（6）服务员在饭店的公共区域遇到客人，应主动靠边站立，侧身示意礼让客人先行，当对方走到面前时，主动微笑点头或打招呼。

（7）服务员在工作中遇到残疾或有缺陷的客人，不得议论、讥笑、模仿其动作。

（8）服务员同客人讲话时，语调要平稳、柔和，语言规范，使用普通话，言语简练清楚、音量适中，不得左顾右盼、漫不经心。

(9) 应认真回答宾客的提问，对于回答不出的问题应请客人稍候，了解后再答复客人，禁止使用否定语言，应积极、婉转地回答问题。

(10) 在给宾客指引方向时，要将手伸直，手指自然合拢，手掌略微向上，以肘关节为轴指向目标，同时眼睛看着目标，身体向前稍倾，以示尊重（见图 1—10）。切勿用一根手指给宾客指方向。

图 1—10 指引

(11) 拾落在地上的物品时，不应弯腰翘臀，应慢慢蹲下，将物品拾起。

（12）接听电话时，应主动报出自己的岗位名称，如“您好，前厅部”，然后询问客人要求，如“我能为您做点什么”。

（13）因工作原因需要暂时离开正在讲话的宾客时，应先说声“对不起，请稍候”再离开，返回后继续为客人服务时，应主动表达歉意“对不起，让您久等了”，绝不可一言不发继续服务。

二、礼节礼貌

礼节是向别人表示敬意的一种形式。

礼貌是在社会交往中，人与人之间必须遵循的一定的行为规范，从称呼、言行到举止、仪容，表现出对别人恭敬、尊重、友好，而对自己有所克制的文明程度。礼貌是表现敬意的统称，是待人谦虚、恭敬的态度。礼貌礼仪是饭店服务员通过一定的语言和行为方式向客人表示欢迎、热情及感谢。

作为前厅服务员，要想搞好接待服务工作，不但要加强自身礼节礼貌的修养，更要尊重各国、各民族的风俗习惯，互相尊重，以礼相待，使客人满意。对于无理取闹的客人，要耐心说服劝导，绝不能随着客人的情绪走，在工作中善于把握控制自己的情绪。

前厅服务员礼节礼貌内容主要涵盖微笑服务、文明服务用语、仪表仪容等。

1. 微笑服务

微笑是礼貌的表现，微笑是前厅服务员的天职。前厅服务员的微笑服务代表着对宾客发自内心的真诚，也向客人展示出饭店对宾客真诚的欢迎。在服务工作中，前厅服务员自然的微笑，不仅能引发客人内心的好感，同时还能安抚宾客的情绪，有利于提高饭店服务质量。微笑服务的价值，是前厅服务员与宾客之间心灵上的传递，是给予宾客最美好的一种感觉，会给宾客留下美好记忆。

2. 文明服务用语

语言是人们交流思想、表达感情的工具。前厅服务员应该具有良好的语言基础、良好的语言表达能力。在服务工作中，文明用语的使用是提高服务水平、搞好文明服务的先决条件。

前厅服务员在日常服务工作中，讲话要使用尊称，说话要简练清楚，同宾客讲话要注意语言艺术、举止表情。使用敬语服务时，要语调悦耳清晰，语言内容准确充实，语气诚恳亲切。敬语的“五声十一字”中五声包括客来有迎声、客问有答声、工作失误道歉声、受到帮助致谢声、客人走时有送声，十一字包括请、您、您好、谢谢、对不起、再见。在服务过程中禁止使用4种服务忌语：蔑视语、否定语、顶撞语、烦躁语。四不讲：不讲粗话、不讲脏话、不讲讽刺话、不讲与服务无关的话。

下面列举前厅服务员在日常工作中常用的服务用语：

（1）称呼用语。一般习惯称呼，对男子称“先生”，对已婚女子称“太太”，未婚女子称“小姐”，对不了解婚姻情况的女士可称“小姐”，对戴结婚戒指和年纪稍大的可称“夫人”。如“李先生，您好”。对有职务官称的可称呼官职，如何局长、杨经理等。对有社会地位的可称呼职称，如张教授等。

（2）问候用语

1）前厅服务员与客人初次见面，服务员应说：“先生（或小姐、太太等）您好，欢迎光临。”在知道客人姓氏后，最好使用客人姓氏称呼客人，如“李女士，见到您很高兴”“张先生，欢迎您入住本饭店”等。

2）时间性问候。前厅服务员要在工作中根据时间变化向客人问候，如“早上好先生，您现在是否退房”。

3）对不同类型客人的问候。前厅服务员要根据客人的不同类型使用问候语。如，同体育、文艺代表团见面时，除一般性问候外还要说一些比较受听的吉利语言，“预祝你们在比赛中获胜”“祝你们演出成功”。

4）节日性问候。如新春佳节、国庆节等，可向客人问候“新年好”“节日愉快”。在日常接待工作中，当了解到今天是客人的生日时，送上祝福的话语“祝您生日快乐”。对于饭店重要客人和知名人士，还应送鲜花或其他生日礼物，使客人感受家的温暖。

（3）应答语。前厅服务员在回答客人的询问时，要站立应答、语气温和，如“是”“好的”，对客人的问话没听清楚时，应说“对不起，请您再说一遍”。对客人委托代办的事项，如能满足客人的要求，应说“我一定尽力满足您的要求”。

前厅服务员在为客人处理诉求问题时，语气要委婉，超出权限范围，应及时请示上级，如果客人提出无理要求，要婉言拒绝。

（4）征求用语。当宾客来到总服务台前，前厅服务员要主动向客人打招呼问好，询问“我能为您做点什么吗”。当询问客人要预订房间的种类时，可问“您是想住单人间还是双人间”“您觉得这种形式可以吗”，等等。

（5）致歉用语。当宾客提出无理要求时，前厅服务员可用“真的很抱歉，我们条件还不够完善”“请原谅，我们有规定，不能满足您的要求”，等等。

（6）致谢用语。当服务得到宾客的肯定受到表扬时，回答是“谢谢您的表扬，这是我应该做的”“您过奖了，帮助您是我应尽的义务，没关系”，等等。

（7）道别用语。当客人离店时，说声“再见”“您慢走”“一路平安”“欢迎下次光临”，等等。

三、职业道德

职业道德是指从事某个职业的人，在工作和劳动过程中所应遵循的与其职业活动紧密联系的道德原则和规范的总和。作为前厅服务员更要注重职业道德品质的培养，提高思想觉悟，树立高尚的职业道德，乐于助人，在工作中一切为客人着想，具有高度的责任心，全心全意为人民服务，热爱旅游事业，热爱本职工作，使自己成为爱岗敬业的好员工。

案例

有求必应

某天早上，一位客人来到前厅的总服务台，提出请饭店协助他改签机票日期。总台服务员立即与有关航空公司取得联系，航空公司答复说可以更改日期，但必须到该公司设在市中心的售票处去办理变更手续。总台服务员把这一情况告诉了客人，客人听后很为难，解释说因当日上午有一个重要谈判，他作为项目主管经理必须参加此项活动。他提出能否由饭店派人替他办理变更手续。总台服务员立即向部门经理汇报。经理考虑到客人的难处，同意了客人的要求，派人携带证件和机票立即前往办理有关手续。

当日下午，这位客人参加完谈判回到饭店。当他在总台取回他的证件以及已变更日期的机票时，非常感动，对总台接待员的热情相助表示感谢，对他们为客人着想的服务精神给予赞扬，并表示他还愿意下榻本饭店。

分析：

饭店在等级、规模、设施等方面不尽相同，但在为客人提供服务方面有一个宗旨："客人就是上帝"。这条宗旨是每个饭店都应该遵循的。有很多名不见经传、规模不大、等级或档次不高的中小饭店正是依靠能够满足客人的不同需求，提供周到、细致、满意的服务，招揽回头客，提高了饭店的知名度。事虽小，但总台服务员对客人的要求及时请示汇报，替客人着想，为客人排忧解难，表现了良好的职业道德。

四、服务意识

饭店让客人发自内心的购买其服务与产品，获得更多的社会效益与经济效益，培养前厅服务员的服务意识最为重要。首先要提高员工素质，责任心要强，细心对待每一位客人，要面带微笑，主动、耐心、周到地服务，员工应遵守饭店的规章制度，按照饭店制定的服务标准、规范办事。其次是发自内心地为客人服务。服务人员的情感表现，不只代表个人，还代表饭店的形象和服务水准，服务员从心底去关心、尊重客人，满足客人，使客人感到亲切、温暖，真正有宾至如归之感。

案例

重点服务　体贴入微

一位归国老华侨住进××饭店，这位老华侨的女儿在查看房间设备后，对前厅服务员提出几个问题：老人年岁大，行动不方便怎么办？老人睡觉轻，能不能安排安静的楼层和房间？卫生间地面滑，如何处理？

前厅服务员根据客人所提出的要求，又征求了老人的意见，将其安排在相对安静并靠近楼层服务台的房间，便于楼层服务员的照顾，将卫生间地面铺上脚垫，摆上一把木椅，另外，按老人的习惯，专门为他配备了冲凉用的塑料桶和盆。为解决行动不便的问题，每次老人外出前，服务台提前与行李房联系，准备一辆轮椅车。为使老人吃好，餐饮部领班和厨师长特地到房间走访，询问客人饮食喜好及忌讳，从膳食安排上做到既符合老人口味，又达到一定的营养要求，还经常调配菜肴的花样。连续3个月的高温，客房服务员以亲切周到、细致入微的服务，使老人家安然度过盛夏。在女儿接他离开时，老人激动万分，特地叫人备好纸、墨，为服务员题写“月是故乡明，家乡人情浓”的对联，表达他海外漂泊一生的坎坷，以及返回故土所享受到的殷勤、温暖的服务。

分析：

饭店服务质量的评定，主要来自宾客的亲身感受。饭店“硬件”设施的完善、功能的齐全虽是重要条件，但本案例中前厅服务员对宾客心理、生活习惯上体贴入微、热情周到的服务却是最重要的。服务员将对客人的关心、关怀化作具体、细小的环节，谱写了行业“宾客至上，服务第一”的主题。

五、技能技巧

前厅服务员要根据客人的言谈举止、行为，判断其需求取向，千方百计想办法满足客人的各类需求，使客人感受到饭店热情、周到的服务。对于客人提出的不符合饭店规定或者是难以帮助其实现的需求，前厅服务员要学会“艺术”地拒绝。前厅服务员不仅要求语言表达能力强、记忆能力强，还要具有一定的销售技巧，在工作中遇到紧急突发事件要有应变能力和处理能力。前厅服务员要熟练使用办公自动化设备，如饭店计算机管理系统操作、传真机操作等技能技巧。

第二单元　客房预订服务

随着人们工作和生活节奏的加快，越来越多的人希望通过旅行，来释放自己的压力。为保证旅行的质量，预先向旅游目的地的饭店提出用房需求，以便到达后及时入住。同时对饭店来说，开展订房业务，不但使客人的需求预先得到保证，而且对饭店自身业务经营也有重要意义。因此，预订是前厅服务中重要的一项业务。

预订服务是指通过受理并确认客人住宿要求，记录、储存预订资料，实时调控预订，进而完成客人抵店前的准备工作。

模块一　客房类型与房价种类

作为前厅服务员，不仅要熟知饭店相关政策要求及订房程序，还要准确掌握客房类型及房价种类等业务知识，以适应不同类型客人的需要。

一、房间类型

1. 按房间内床的数量划分

（1）单人间（Single Room），放1张单人床。

（2）双人间（Double Room），放2张单人床。

（3）大床间（Big Single Room），放1张双人大床。

（4）三人间（Triple Room），放3张单人床。

2. 按房间等级划分

（1）标准间。一般指带卫生间的双人房，比较适宜安排团队或会议客人。

（2）套间。由两个联通房间组成。一间为会客室，设计布置适宜公务办公或商务洽谈；另一间为卧室，放置一张大床，适合商务客人居住。

（3）豪华套间。其特点在于注重客房装饰和布置的氛围，营造出档次高、功能齐全、完善，房间用品配备呈现豪华气派。房间通常由会客室、书房、卧室、小厨房、卫生间等组成。

二、房价种类

1. 按价格划分

（1）标准价。也称门市价，通常指饭店明码标价的现行价格，不含折扣、优惠成分。

（2）优惠价。指饭店为吸引客源、增加客房出租率使用的促销价格。

（3）合同价。指饭店与客源单位签订类似协议价的一种契约式价格，与客源单位输出的客人流量、消费水平、信用程度等有关。

2. 按客源划分

（1）散客价。往往与饭店门市价相同。饭店为吸引客人，在门市价的基础上，常推出含早餐或享有其他优惠服务项目的散客价格。

（2）团队价。饭店为售出更多的客房、保证饭店有长期稳定的客源、提高客房出租率、确保在行业内更具竞争力，为团队客人提供的价格折扣。

（3）折扣价。饭店为吸引回头客，对长住客人或常客以及有特殊身份的客人提供的一种优惠、促销价格。

（4）网络价。饭店与网络订房中心通过签署协议来确定网上对客人的优惠房价。

3. 按季节划分

（1）淡季价。饭店由于季节、气候的变化，在旅游客人减少时所制定的低于门市价一定幅度的价格。

（2）旺季价。根据季节的变化，在有利于客人出游、客源增加时，饭店依照物价部门的规定幅度所制定的在标准价基础上上浮一定比例的价格。

（3）平季价。介于淡季价和旺季价之间的价格。

4．按时间段划分

（1）日租金。客人当日入住至次日中午 12：00 前退房所收取的一天房费。

（2）白天租用价。客人退房超过规定时间，饭店将向客人收取白天租房费。许多饭店规定：客人在中午 12：00 以后、18：00 以前退房的，加收半天房费；在 18：00 以后退房，加收一天房费。

（3）钟点价。饭店推出按小时段计算客房租金的一种促销价格。

三、国际饭店计价方式

按照国际上关于饭店客房计价方式的划分，通常有 5 种类型：

1．欧式计价（European Plan，EP）

欧式计价指饭店客房的价格仅包括房费，不包含餐饮费用。

2．美式计价（American Plan，AP）

美式计价指饭店客房的价格包括房费及一日三餐的费用。

3．修正美式计价（Modified American Plan，MAP）

修正美式计价指饭店客房的价格包括房费及两餐费用（早餐，午餐和晚餐各选其一）。

4．欧陆式计价（Continental Plan，CP）

欧陆式计价指饭店客房的价格包括房费及欧陆式早餐，早餐提供咖啡、面包及果汁。

5．百慕大计价（Bermuda Plan，BP）

百慕大计价指饭店客房的价格包括房费及美式早餐，美式早餐除提供欧陆式早餐的品种外，通常提供鸡蛋、火腿、香肠、咸肉、牛奶等食品。

模块二　预订方式和类型

一、预订方式

预订是指饭店与客人之间达成的预先订购客房使用权的协议。为促使这一协议的最终形成，客人一般采用电话、传真及网络形式与饭店联系，落实订房事宜。饭店根据客房的使用情况，来决定能否满足客人的预订需求。预订客房的方式有多种，主要有以下 4 种：

1. 面谈预订

面谈预订是指客人或客户与饭店的客房预订员面对面地洽谈订房事宜。这样能使饭店有机会详细地了解宾客的要求，并能当面回答客人提出的问题。同时，预订员还能有机会运用销售技巧，如引领客人参观各种类型客房，对比房间位置和价格，协助客人作出选择。

2. 电话预订

电话预订是客人或其委托人使用电话与饭店联系订房，这种预订方法不但迅速、简便，而且预订员与客人之间能进行直接沟通，具体了解客人对客房的种类、数量、房价、付款方式、抵离店时间、特殊服务等要求，有利于适时进行促销。预订员在受理电话预订时，要明白客人预订的要求，通话结束前，应复述客人的订房要求，当即核对，避免发生差错。

3. 传真预订

传真机是一种现代通信设备，正广泛得到使用。其特点：操作方便，传递迅速，即发即收，内容详尽，并可传递发送者的真迹，如签名、印鉴等，还可传递图表，所以传真是当今饭店与客人进行订房联系的最常用的通信手段。

4. 互联网预订

互联网预订是目前国际、国内较先进的订房方式。互联网上的直观信息，让客人对饭店有“身未动，心已远”的冲动，客人可以对饭店有更多的了解。随着互联网技术的不断扩展，越来越多的客人乐于使用这种成本低廉、操作快捷的预订方式。

★**提示**

（1）在面谈订房时，如果客人无特殊需要，应避免向客人作确认房号的承诺，以免失信于客人。

（2）电话订房，要求预订员使用敬语，语言表达要清晰，尽量完整问清客人的住宿要求，如不能立即答复，不能让客人久等，应请对方留下电话号码，确定后再通话。

（3）在受理订房业务时，预订员要把握客人心理，运用销售技巧，灵活地推销客房和饭店其他产品，必要时向客人展示饭店的特点及服务，以吸引客人、留住客人。

二、预订类型

尽管客人预订时采取不同的方式，饭店在接受和处理客人预订时，为便于管理，一般将各种预订归纳为“临时性预订”“确认性预订”和“保证性预订”3 种类型。

1. 临时性预订

临时性预订是预订种类中最常见、最简单的一种类型，是指客人在即将抵达饭店前很短的时间内，或在当天才联系预订。由于时间紧迫，饭店也无法要求客人预付定金，也没有时间进行书面确认，但可以口头确认。接受此类预订时，预订员的通常做法是重复客人订房要求，问清客人抵店时间，尤其是提醒客人饭店将房间保留至当日下午 18：00，因为 18：00 以后饭店有权将房间出租给别的客人。

2. 确认性预订

确认性预订通常是指饭店同意为客人预订并保留客房至某一事先约定的时间。一般不要求客人预付定金，但规定客人必须在预订入住日到达饭店，否则作为自动放弃预订。这是饭店经常使用的一种比较重信誉的预订方式。

如果客人错过了商定的截止日期未到店，也未提前通知饭店，在用房高峰阶段，饭店可另租给其他客人。

确认预订的方式有 2 种：口头确认和书面确认。这两种方式相比较，书面确认又具有以下特点：

(1) 能够证实饭店是否受理客人的订房要求，使客人放心。书面确认通常复述客人的订房要求，让客人知道饭店能够满足客人的需要。

(2) 确认书除复述客人的订房要求，还应写明房价、付款方式、为客人保留客房的时间等，以书面形式确立饭店和客人之间达成了协议关系，从而约束双方行为。

(3) 客人提供的书面个人情况，使饭店更多地了解到更准确的客人资料，如姓名、住址，并能够得到证实。一般来说，持有预订确认书的客人，比未经预订、直接抵店的客人在信用上更可靠。

3. 保证性预订

保证性预订是以客人预付保证金的形式来保护饭店和宾客双方的利益，约束双方的行为，饭店在任何情况下必须保证对客人的承诺，同时客人也要保证按时入住，否则要承担经济责任的一种信誉最高的预订方式。

保证性预订可以通过预付定金、使用信用卡和订立合同等形式进行担保，以保护双方的利益。通常有以下 3 种方式担保：

(1) 预付定金。对于饭店来说，最理想的保证性预订方法是要求客人预付定金，如现金、支票、汇款等饭店认可的形式。对于客人来说，在抵店前向饭店先行交纳预付款，而获得饭店的预订保证。饭店的责任是预先向客人说明取消预订、退还预付款的规定，并保证预留符合客人要求的房间。

（2）使用信用卡。客人在订房时，将使用信用卡为所预订的房间付款，并把信用卡种类、号码、失效期及持卡人姓名等以书面形式通知饭店，饭店要验证信用卡的有效性，达到保证性预订的目的。即使客人因各种原因不能按时到店，饭店仍可通过银行或信用卡公司获取房费收入。例如，持有美国运通公司发行的“运通卡”预订客房的客人，在订房后未按时到店，饭店可依据订房客人的信用卡号码、姓名、预订未到的记录等资料，向美国运通信用卡公司或授权的机构收取房费，以弥补饭店的经济损失。

（3）合同担保。指饭店与有关客户单位签订订房合同，以此来保护双方的利益和责任。合同的主要内容包括签约单位的地址、账户、同意承担未按预订期限入住客人的付款责任声明，合同还规定通知取消预订的最后期限，如果签约单位未能在规定的期限内通知取消预订，饭店将按照合同规定向对方收取房费。

模块三　预订的流程

为确保预订工作的正常进行，必须建立完整详尽的工作程序，确保客房预订工作高效、有序。工作流程如下（见图 2—1 所示）：

受理预订→接受（或婉拒）预订→确认预订→记录、储存订房资料→预订的变更或取消→抵店前准备

一、受理预订

1. 接受预订

客人以面谈、传真、网络等方式向饭店提出订房要求。预订

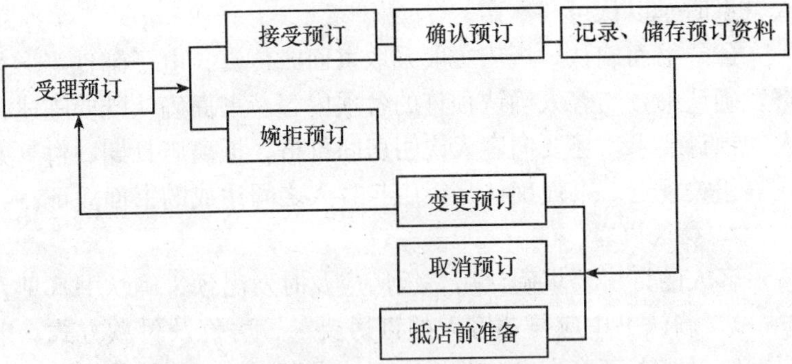

图 2—1　预订流程

员首先要准确掌握本饭店客房类型、价格及当前预订状况和相关促销政策，在受理客人预订时，首先要明确客源类型是散客还是团队，在听取客人预订要求时，迅速查看预订控制簿或计算机，来决定饭店是否接受客人的申请，如能接受预订，向客人做简要客房类型、价格介绍，使客人接受预订，填写预订单。

2. 婉拒预订

预订员在处理客人订房要求时还应考虑下列因素：

(1) 客人抵达的日期。

(2) 客人所订客房的种类与数量。

(3) 客人住店的天数。

根据客人提出的需求与饭店的接待能力是否相符合，可以则予以接受，反之则予婉拒。婉拒客人预订要求时，需顾及客人心理，用温和、抱歉的态度对待客人，并主动提出可供客人参考和选择的建议。

二、确认预订

在接受客人的预订要求后，预订处要对客人的预订进行确认。

1. 确认形式

(1) 口头确认。也可以是电话确认，即对所接受的预订同客人联系时予以认可和承诺。

（2）书面确认。饭店一般采取书面或传真、电子邮件等形式寄发确认书，与客人确认预订的各项内容。书面确认既要陈述客人的预订要求，还要向客人说明房间价格、抵离店日期、付款方式等相关规定。书面确认是饭店与客人之间达成的书面凭证。

2. 确认内容

客人的订房要求确认后，饭店应及时发出预订确认书（见表2—1）。确认书中应复述客人的订房要求、房价及付款方式，申明饭店对客人订房变更、取消预订的规定。对确认性预订的客人要申明抵店时限，对保证性预订的客人要申明饭店收取定金。最后，向客人选择本饭店表示感谢。

表 2—1　　　　预订确认书

预订确认书			
客人姓名：			
到店日期		离店日期	
房间类型	人数		房价
备注			
请将预订确认书交与接待处			
预订单位名称			
联系电话			
注意	预订客房将被保留至当日下午18：00。若有变动，请与本饭店联系。		
确认者		日期	

三、存储订房资料

当预订确认书发出后，预订资料必须及时、准确地记录与存储，以防疏漏。预订员要把原始预订内容录入到计算机预订系统内，以便对订房情况进行统计、存档和制作报表。

1. 订房资料包含的单据

订房资料一般由预订单、确认书、预付定金收据、预订变更单、客史档案等组成。

2. 订房资料存放顺序

（1）按客人到达饭店日期顺序排列存放。便于随时掌握某一时期、某一阶段或每天有多少客人预订了房间。

（2）按客人姓氏字母（英文 A～Z）顺序存放。按字母顺序排列，也就是按客人姓氏的第一个英文字母的顺序排列，可以很方便快速地找到客人的订房资料。

四、变更预订

变更预订指客人在抵店前出于某种原因要对预订作补充或变动，如变更预订日期、房间数量及类型，甚至取消预订。在此环节，预订员应注意下列问题：

（1）接到预订变更通知时，先要问清客人姓名、预订房间种类、预订日期、联系电话等内容，以便迅速查找出该客人的预订单。

（2）查看计算机的预订系统是否能够满足客人的变更要求。

（3）不在原始单上注明变更事宜，要填写“变更或取消通知单”（见表 2—2、表 2—3）。

表 2—2　　　　变更或取消通知单

□更改房间类型及数量　　□更改日期　　□更改房价　　□取消

客人姓名：________日期：________人数：________预订号：________

房间类型及数量：由________________更改为________________

日期更改：由________________更改为________________

房价更改：由________________更改为________________

经手人：________　　批准人：________

表 2—3　　变更或取消通知单示例

■更改房间类型及数量　　■更改日期　　■更改房价　　□取消

客人姓名：肖×　日期：2013－6－14　人数：2人　预订号：2013001	
房间类型及数量：由 标准间1间	更改为 标准间2间
日期更改：由 2013－6－14	更改为 2013－6－18
房价更改：由 380元	更改为 760元
经手人：刘×	批准人：董×

（4）从预订资料中找出订房资料，并作相应的更改或注明。

（5）使用计算机系统管理预订，要对网内已录入的信息作相应修改。

（6）如果原预订的要求已通知其他部门，则立即给相关部门发送“变更或取消通知单”。

五、核对预订

在客人入住前经常发生变更、取消等情况，饭店为提高预订的准确性和开房率，要对每一个已确认的预订进行多次核对。核对客人抵店前一个月的预订情况，核对客人抵店前一周的预订情况，核对客人抵店前一天的预订情况。对于团体客人，核对的内容与次数要更多、更细致、更准确，因为接待团体或会议，饭店要提前预留相应的客房，在客人离店后会出现大量客房闲置，因此，必须加强对会议预订的管理，尽量减少由此带来的经济损失。

六、客人抵店前准备工作

客人抵店前，前厅服务人员应做好以下准备工作：

（1）为保证预订工作的准确性，使计划安排落实稳妥，预订员要对每一个已确认的预订进行多次核实，发现问题及时补救。

（2）依据不同类型的预订资料，将饭店的主要客情，如大型团队、会议接待、重要客人及散客等各类型客人的预报表、接待安排等，按时间段及时通知相关部门。为了做好接待工作，预订处以预测表的形式发送到有关部门。例如，近期预测表，按照团队、散客、重要客人3种类型，统计预订客人数量、所需房间数；每周预测表，统计订房总数、预订住宿的人数、预订的客源市场来自哪些方面；提前1天抵店客人预测表，要详细注明客人姓名、房号、房价、房间类型等信息，通知相关部门做好准备工作。

(3) 客人抵店当天，前厅接待员应根据客人预订的具体要求，提前排房，核实接待细节，对于有变更或补充的通知，及时传达给相关部门，共同完成客人抵店前的准备工作。

准备工作做得是否充分，将直接关系到前厅服务的质量。有计划实施预订客人抵店前的准备工作，是前厅服务过程中非常重要的前期工作。确保及时、有序、细致、无误的标准，有助于相关部门根据计划安排，对不同客源类型、不同身份和特点的客人提供有针对性的服务，并提前做好充分准备。

★提示

散客与团队预订注意事项

(1) 散客预订要注明抵离店时间、住宿天数、客房种类和数量。

(2) 非担保类预订需要说明预订保留时间和注意事项。

(3) 团队预订要明确接待单位名称、人数、房间数、抵离店时间、房间种类和数量、司陪人数及性别、房间要求、房间价格、使用的交通工具、用餐类别及时间和标准、付款方式、预订人等。

(4) 团队预订中的特殊要求。例如，需要特殊楼层及特殊房号，先要查询房间状况，在可出租的前提下，与销售处、接待处联系确认后下订单；用车需与车队确认有无客人所需车型，车费由谁支付；购买鲜花、水果的档次与价格，费用由谁负担。

模块四　预订的表单和设备

一、预订表单

1. 客房预订单

客房预订单，也称订房单，是预订员用于记录客人预订要求的记录单（见表 2—4、表 2—5）。预订单中所记录的内容都是很重要的信息，必须妥善保存。预订单包括以下内容：

表 2—4　　客房预订单

<table>
<tr><td>客人姓名</td><td>房间种类</td><td>房间数量</td><td>人数</td><td>特殊要求</td></tr>
<tr><td></td><td></td><td></td><td></td><td rowspan="7"></td></tr>
<tr><td colspan="2">到店日期</td><td colspan="2">离店日期</td></tr>
<tr><td colspan="2"></td><td colspan="2"></td></tr>
<tr><td colspan="4">付款方式
□预付金　□现金　□信用卡</td></tr>
<tr><td>联系人姓名</td><td>联系电话</td><td>预订员姓名</td><td>预订日期</td></tr>
<tr><td></td><td></td><td></td><td></td></tr>
</table>

编号：

表 2—5　　　　　　　客房预订单示例

<table>
<tr><td>客人姓名</td><td>房间种类</td><td>房间数量</td><td>人数</td><td>特殊要求</td></tr>
<tr><td>肖×</td><td>标准间</td><td>1 间</td><td>2 人</td><td rowspan="7">阳面、安静</td></tr>
<tr><td colspan="2">到店日期</td><td colspan="2">离店日期</td></tr>
<tr><td colspan="2">2013—6—14</td><td colspan="2">2013—6—16</td></tr>
<tr><td colspan="4">付款方式
□预付金　　■现金　　□信用卡</td></tr>
<tr><td>联系人姓名</td><td>联系电话</td><td>预订员姓名</td><td>预订日期</td></tr>
<tr><td>肖×</td><td>139203×××××</td><td>刘×</td><td>2013—6—8</td></tr>
</table>

编号：2013001

（1）客人姓名、房间数量、房间种类、人数。

（2）客人预订到店日期及到店时间和离店日期。

（3）房价、付款方式。

（4）联系人姓名、联系电话、预订员姓名、预订日期。

2. 预订卡片

预订卡片是放在预订显示架上的一种专用卡片。按客人抵店日期顺序排列，预订卡片主要记录客人的住宿要求、房间种类、价格、用房间数等内容。为便于识别和查找，饭店还将预订卡片印制为不同颜色，分别代表不同客源类型。预订卡片适用于未使用计算机预订系统的饭店。需要注意的是，预订卡片的颜色应与客房状况卡片的颜色相一致，使预订状况与客房状况相一致。

3. 预订记录簿

预订记录簿以客人姓氏英文 A～Z 字母顺序来记录预订客人的姓名、抵离店日期等内容，并以活页方式装订，便于增减或调整。预订记录簿的主要用途除接待处预排房外，还可用于问讯和邮件查询，在客人入住时，总台将提前收到的邮件或留言等及时转交给客人。

4. 预订统计本

为便于统计而专门制作的各种类型的预订统计本，适用于未使用计算机管理系统的饭店。一般按照国外旅客、国内旅客、旅行社、企事业单位等几类人群划分，按字母顺序记录和排列。

5. 预订文件

（1）合同副本。各种类型的合同副本应分类存放、妥善保管、便于查阅。在合同文本中对重要内容加以标示，提示预订员按照规定执行合同的相关条款。

（2）优惠政策。预订员必须熟悉饭店制定的优惠和销售政策以及促销手段，如房价优惠政策、收取退还预付定金政策等。

6. 预订状况显示表

预订状况显示表能准确、直观地显示出饭店近期的房间预订状态，并根据预订变化情况及时调整。预订显示表的格式基本采用“纵横坐标式”。由于各饭店规模和管理方式的不同，实际使用的相关表格也大不同，以下简单介绍两种类型预订表的形式。

（1）分层预订表。分层预订表是按照房间所在楼层和房号来确定客房预订的情况，它能清晰提供某一时间段内的预订信息。分层预订表适用于度假型饭店、公寓式饭店。客源市场比较稳定，客人住店时间较长，取消或“无到”的情况少，散客和长住客人的出租率比较高，此类型的饭店客房种类较多、规模较小，预订员在预订图表上就能排好房间，满足忠实顾客与特殊客人的需要。但此表缺点在于，客房出租率高的情况下，很难一目了然地从图表中看出空房的数量，而且在有限的预订表单上填写多次订房记录，很容易出现差错，通常在旺季不适宜采用。

（2）分类预订表。分类预订表是按照客房的类型来预订房间，不考虑楼层和方位。客人预订时，预订处只提供客房的类型和价格等，不提供房号，客人入住后的房号要由接待员根据客房出租的具体情况来决定。分类预订表可以显示各种类型的客房在同一时间段内预订、已出租、待出租、维修等状况，标示方法简单可行，适用于客人平均停留天数短的饭店。

二、预订设备

1. 计算机预订系统

计算机预订系统正被大多数大中型饭店所采用，它是饭店现代化管理手段之一。预订员接到预订申请后，先根据客人的要求填写一份预订单，然后根据计算机程序和操作要求，将客人的预订信息输入预订终端。预订终端可根据预先设计好的程序，自动做好预订信息的储存、分析、整理、汇总和传递工作。预订员还可通过计算机对预订的变更和取消事宜进行修改、更正处理。使用计算机预订系统的饭店，使预订的受理、储存及预订前的准备工作更加准确和迅速，提高了饭店的服务质量，也为饭店客房销售、前台接待工作奠定了基础。图 2—2 至图 2—5 是计算机系统显示的预订状况。

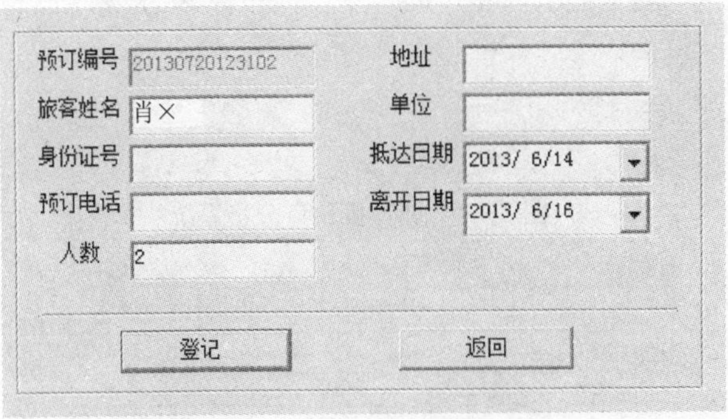

图 2—2　计算机预订系统登记

2. 预订显示架

预订显示架是用于存放预订卡片的专用架，方便预订员随时取出或放入预订卡片，修改或补充卡片中的有关内容，是一种手工管理的办法。在使用计算机管理的饭店，已不再使用预订显示架，当接受客人的预订要求时，将客人的有关信息资料录入计算

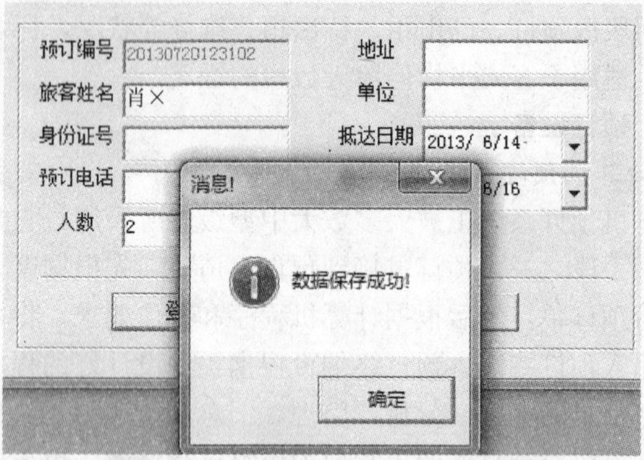

图 2—3 计算机预订系统登记成功

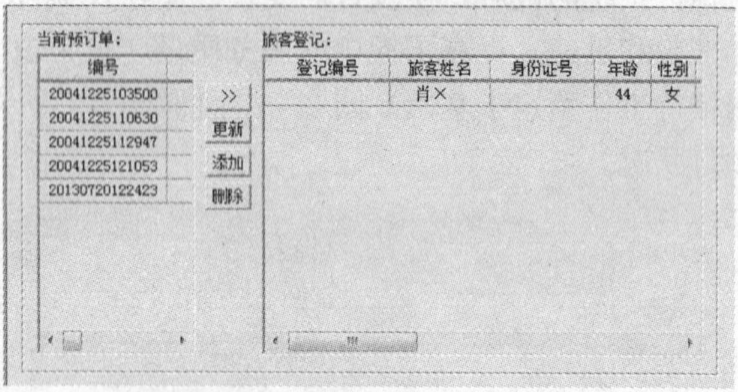

图 2—4 计算机预订分房系统

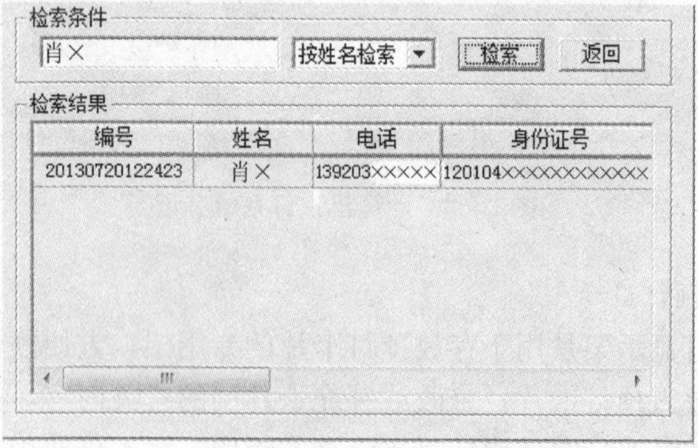

图 2—5 计算机预订查询系统

机保存。

3. 预订资料柜

预订资料柜是用于存放全部预订资料的专用柜。在柜子的抽屉内，顺序排列与预订卡片的排列顺序或颜色相一致的资料夹，保持各种预订资料的完整性与准确性，方便查询。

4. 客史档案柜

客史档案柜是一种专门用于存放档案卡片的柜子，由许多抽屉组成。通常在每一个抽屉外按照类别的排列顺序贴有内容的标志，方便查找。客史档案卡片记载了客人历次住店的情况，如客人的兴趣爱好、习惯特点、特殊要求等个性化的信息资料，由专人负责记录、修改补充，并妥善保管。

第三单元　接 待 服 务

接待处的主要任务是销售客房，为客人办理入住登记手续，熟悉饭店订房情况、住客情况、房间状态等相关业务服务。客房销售的完成，是通过接待处的接待员接待客人、分配房间来实现的。接待员热情的服务会给客人留下满意的印象，同时，与客人建立良好的关系，是饭店争取回头客和稳定客源市场的有效手段。因此，前台接待服务是服务过程的关键环节。

模块一　入 住 登 记

一、入住登记的必要性

（1）入住登记在我国法律有关户籍管理中有明确规定，出于国家和公众安全的需要，公安部门要求境外旅客和国内旅客在宾馆、饭店、酒店、招待所等应当出示有效证件办理住宿登记手续。

（2）及时掌握入境人员的基本情况，为政府制定相应法规政策提供数据。

（3）办理入住登记手续，是饭店与客人签订住宿合同。双方明确了责任与利益、权利与义务的关系。客人通过填写入住登记表，确定房号、房价、住宿期限等事项，同时，饭店有义务告知客人住店期间的注意事项，最后，客人与接待员双方签字确认。

（4）通过客人填写入住登记表，可获知住店客人的个人信息，有助于饭店为客人提供个性化服务。

（5）入住登记时查验客人的有效证件，能有效防止或减少饭店的安全隐患。

（6）有利于发现违法人员，及时查找不法入境人员，以维护国家安全、社会秩序。

二、入住登记相关法律法规

（1）《中华人民共和国外国人入境出境管理法》第17条规定：外国人在中国境内临时住宿，应当依照规定，办理住宿登记。

（2）《中华人民共和国外国人入境出境管理法实施细则》第29条规定：外国人在宾馆、饭店、招待所、学校等企业、事业单位或者机关、团体及其他中国机构内住宿，应当出示有效护照或者居留证件，并填写临时住宿登记表。在非开放地区住宿还要出示旅行证。

（3）《中华人民共和国公民出境入境管理法》第11条规定：入境定居或者工作的中国公民，入境后应当按照户口管理规定，办理常住户口登记。入境暂住的，应当按照户口管理规定办理暂住登记。

（4）《中华人民共和国公民出境入境管理法实施细则》第13条规定：定居国外的中国公民短期回国，要按照户口管理规定，办理暂住登记。在宾馆、饭店、旅馆、招待所、学校等企业、事业单位或者机关、团体及其他机构内住宿的，应当填写临时住宿登记表；住在亲友家的，由本人或者亲友在24小时内（农村可在72小时内）到住地公安派出所或者户籍办公室办理暂住登记。

（5）《中国公民因私事往来香港地区或者澳门地区的暂行管理办法》第17条规定：港澳同胞短期来内地，要按照户口管理规定，办理暂住登记：在宾馆、饭店、旅店、招待所、学校等企业、事业单位或者机关、团体及其他机构内住宿的，应当填写临时住宿登记表；住在亲友家的，由本人或者亲友在24小时内（农村可在72时内）到住地公安派出所或者户籍办公室办理暂住登记。

（6）《中国公民往来台湾地区管理办法》第 18 条规定：台湾居民短期来大陆，应当按照户口管理规定，办理暂住登记。在宾馆、饭店、招待所、旅店、学校等企业、事业单位或者机关、团体和其他机构内住宿的，应当填写临时住宿登记表；住在亲友家的，由本人或者亲友在 24 小时内（农村 72 小时内）到当地派出所或者户籍办公室办理暂住登记手续。

（7）《旅馆业治安管理办法》第 6 条规定：旅馆接待旅客住宿必须登记。登记时，应当查验旅客的身份证件，按规定的项目如实登记。接待境外旅客住宿，还应当在 24 小时内向当地公安机关报送住宿登记表。

（8）违反住宿登记管理规定的，根据《中华人民共和国外国人入境出境管理法实施细则》第 45 条规定：对违反本实施细则第四章规定，不办理住宿登记或者不向公安机关申报住宿登记或者留宿未持有效证件外国人的责任者，可以处警告或处 50 元以上 500 元以下的罚款。第 49 条规定：本章规定的各项罚款、拘留处罚，也适用于协助外国人非法入境或出境，造成外国人居留或停留、聘雇私自谋职的外国人，为未持有效旅行证件的外国人前往不对外国人开放的地区旅行提供方便的有关责任者。

三、入住登记相关知识

1. 临时住宿登记

临时住宿登记是指境内外人员离开自己国家的常住地，短期来华到其他地方临时住宿而履行的临时住宿登记手续。所持身份证件有：

◆中华人民共和国居民身份证

◆中国人民解放军三总部制发的现役军人身份证件

◆武警总部制发的警察身份证件

◆香港居民来往大陆通行证

◆香港特别行政区护照

◆港澳同胞回乡证

◆台湾居民来往大陆通行证

◆中华人民共和国外国人居留证

◆中华人民共和国外国人临时居留证

◆中华人民共和国旅行证

2. 核对身份证件

（1）一般国内旅客持有的有效证件包括：中华人民共和国居民身份证、临时身份证、中华人民共和国机动车驾驶证、中国护照、军官证、警官证等。

（2）港澳同胞回乡证是我国香港和澳门特别行政区居民来往内地时使用的一种旅行证件。

（3）台湾居民来往大陆通行证是我国台湾地区居民来往大陆的旅行证件。证件有两种：一种为5年有效，另一种为一次入出境有效。

（4）中华人民共和国旅行证是护照的代用证件，是我驻外使领馆颁发给不便于发给护照的境外中国公民回国使用的一种证件，分一年一次入出境有效和两年多次入出境有效。

（5）中华人民共和国入出境通行证。有两种：一种是未持有我国有效护照、证件的华侨、港澳居民入出我国国（边）境而颁发，另一种是为回国探亲旅游的华侨、港澳居民因证件过期或遗失而补发，分一次有效和多次有效两种。

（6）外国人持有的证件。

3. 验证登记和报送的原则

临时住宿登记管理工作必须坚持“三个原则”，其具体要求是：

（1）如实填表原则

1）填写住宿登记表的内容要完整准确，逐项填写，不能有缺项、漏项。

2）填写内容要真实，字迹要清晰、工整、不潦草。

3）姓名、国籍缩写要规范，严格按照国际认可的标准填写，不得随意编写。

（2）严格验证原则

1）查验真假。要认真细致地查验住店客人的证件是否有冒用、涂改、更换照片等问题，注意客人填写的年龄与持证人实际年龄是否有差异。同时要坚持先验证后办理住宿手续的原则。

2）查验证件的有效期限。任何证件都有期限，超过规定期限的证件也就失去了效用，任何留宿单位绝对不能接待持失效证件的客人住宿。

3）查验签证期限。签证种类多，不同的签证有不同的期限，留宿单位接待入住人员住宿时，要在其证件有效签证期限内接待，尤其对续住客人要特别留意，防止逾期非法居留。

（3）按时报送原则。按照我国有关法律规定，住店客人在抵达饭店后 24 小时之内，留宿单位要派人将已填好的《临时住宿登记表》送交公安机关。

模块二　表单的认知与填写

一、住宿登记表

目前我国饭店一般使用 3 类住宿登记表：国内客人住宿登记表（见表 3—1）、团队住宿登记表（见表 3—2）、境外人员临时住宿登记表（见表 3—3）。

住宿登记表是客人入住饭店时需填写的姓名、性别、籍贯、身份证号码、常住户口地、住店时间等方面内容的表单。它是客人住店期间最基本、最原始的资料信息，对于饭店经营和对客服务方面起着重要作用。

表 3—1

国内客人住宿登记表示例

××市旅客住宿登记表

REGISTRATION FORM

印刷体填写
FILL IN PRINTING LETTER

1383478

房间号 ROOM NO.		房价 ROOM RATE		留宿旅店：NAME OF HOTEL			
中文姓名 NAME IN CHINESE		国籍（地区） NATIONALITY OR DISTRICT		性别 SEX		出生日期 DATE OF BIRTH	年 Y 月 M 日 D
证件名称/号码 CERTIFICATE NO.				常住地 PERMANENT RESIDENCE			
抵店日期 DATE OF CHECKING IN	年 Y 月 M 日 D 时 H 分 M			离店日期 DATE OF CHECKING OUT		年 Y 月 M 日 D 时 H 分 M	
工作或接待单位 RECEIVED BY				来××市目的 PURPOSE FOR VISIT		备注 REMARK	

续表

<table>
<tr><td colspan="8">外籍、港、澳、台住客填写以下项目
Guests form foreign countries，HongKong，Macau and Taiwan shall fill in the following items</td></tr>
<tr><td>英文姓
SURNAME</td><td></td><td>英文名
GIVEN NAME</td><td></td><td colspan="2">签证（注）种类/号码
TYPE AND NUMBER
OF VISA</td><td colspan="2"></td></tr>
<tr><td>有效停留期
VALIDITY
OF STAY</td><td>年 月 日
Y M D</td><td>入境时间/地点
DATE PLACE
OF ENTRY</td><td></td><td>接待员
RECEPTIONIST</td><td></td><td>住客签名
GUEST'S
SIGNATURE</td><td></td></tr>
<tr><td>民警提示
POLICEMAN
NOTICE</td><td colspan="7">1. 凭本人有效身份证件办理入住：一客一单。
2. 严禁携带各类危险物品入住旅店。
3. 贵重物品需存入旅店保管，隐匿不存造成丢失后果自负。
1. Please present your valid ID for check-in，and every guest shall complete his/her registration form.
2. Entry with dangerous articles forbidden.
3. Please secure your valuable belongings with the hotel. Guests shall be responsible for any loss of the valuable belongings not with the hotel.</td></tr>
</table>

××市饭店协会监制（2012）

表 3—2　　　　团队住宿登记表示例

序号：　　　　　　　　　　　　　　　　　　　　年　　月　　日

团队名称			人数		联系人	
电话			房间号			
姓名	性别	年龄	住址		证件号码	
请把贵重物品寄存在总服务台，无贵重物品、无大宗现金请签字！						

接待员：　　　　　　　　　　　　　　客人签字：

二、填写要求

（1）填写住宿登记表，要求表中的每个项目填写清楚，不缺项、不漏项，字迹清晰、规范。

（2）客人姓名、性别、出生年月、国籍、证件种类、证件号码等相关内容是公安部门规定必须填写的项目。

（3）对于饭店管理所需要登记的项目包括：客人姓名、性别、房号、房费、付款方式、住店日期、离店日期、家庭住址、接待员签名等内容。

（4）客人姓名及性别。国内客人按照有效证件上的姓名与性别填写，对于外国旅游者，要求填写英文姓、英文名，有中文姓名也要填写。

（5）国籍填写。根据客人所持有效身份证件及护照上的内容填写。不能随意简写国籍。

（6）出生日期要填写齐全年、月、日。

（7）证件种类有两种：一种是身份证件，另一种是护照。

（8）证件号码要分清，填写有效证件号码，不要填写签证号码。

（9）签证种类。我国根据外国人来中国的身份和所持护照的种类，分别发给相应的签证，并在签证上用相应的汉语拼音字母

表 3—3

境外人员临时住宿登记表示例

请用印刷体填写
FILL IN PRINTING LETTER，PLEASE

住宿登记表
REGISTRATION FORM

20070005382

国籍（地区） NATIONALITY OR DISTRICT		英文姓 SURNAME		英文名 GIVEN NAME	
中文姓名 NAME IN CHINESE		性别 SEX		出生日期 DATE OF BIRTH	年 月 日 (Y) (M) (D)
证件名称 CERTIFICATE		证件号码 CERTIFICATE NO.			
签证种类、号码 TYPE AND NUMBER OF VISA		有效停留期 VALIDITY OF STAY	年 月 日 (Y) (M) (D)		
入境时间、地点 DATE/PLACE OF ENTRY		抵店日期 DATE OF CHECKING IN		离店日期 DATE OF CHECKING OUT	
接待单位 RECEIVED BY		住客签名 GUEST'S SIGNATURE			
留宿饭店 NAME OF HOTEL		房间号 ROOM NO.		接待员 RECEPTIONIST	

表示：外交签证（W）、公务签证（U）、礼遇签证（Y）、团体签证（T）、互免签证（M）。普通签证共分为9种：定居签证（D）、职业签证（Z）、学习签证（X）、访问签证（F）、旅游签证（L）、乘务签证（C）、过境签证（G）、常驻我国外国记者签证（J—1）及临时来华采访的外国记者签证（J—2）。

（10）填写清楚证件的实际有效期，即有效期至××年×月×日。对于证件是互免签证的，从入境之日起推算30天之内，接待人员需向公安机关出入境管理部门询问签证期限何时过期，能否让客人住宿。

（11）准确填写客人入住日期。

（12）对于离店日期明确的客人，接待员填写清楚；对于预计离店的时间，要填写到×月×日。掌握客人准确的抵离店日期，有利于预订处预订房间。

（13）注明房号有利于识别、查找住店客人，建立客账。

（14）掌握客人的完整地址，有助于饭店与客人的日后联系，如客人投诉处理的跟踪服务，向客人邮寄饭店促销简介等。

模块三　入住接待程序

入住接待是前厅部对客服务全过程的关键阶段，也是客人与饭店之间建立正式合法关系的根本环节。接待员按照饭店规定的接待程序，准确、快捷地为客人办理入住登记手续。客人抵店后，希望接待员提供周到、便捷、高效的入住登记服务，尽快得到满意的客房。

一、登记前的准备工作

做好客人入住登记前的准备工作，是保证接待服务流程的基础。首先要了解和熟悉即将到达和当天到达饭店入住的客房数量、房间类型以及客人的基本情况，特别关注的是重要客人和团队客人。对于在预订中有特殊要求的订房，要提前制定分房预案，合理分配好房间。其次，在客人到店前，接待员要有详细、具体的房态报告，熟悉与了解当前状态下可出租的客房、已预订好的客房、待清扫的客房、不可出租的客房等，以此为排房的依据。最后，将住宿登记单、客房钥匙及相关单据准备齐全，以供客人入住登记使用。

二、散客入住接待

1. 主动迎候

客人从自己的家乡来到异地的饭店住宿，旅途劳累，希望尽快到自己满意的客房休息。接待员应面带微笑，主动、热情、周到地为客人服务，如知道客人的姓名，应礼貌地用姓氏称呼客人，以示真诚。主动问候，表示欢迎，自然会给客人留下满意的印象。当饭店客满时，接待员要想办法为客人联系其他饭店，使客人有栖身之地，为饭店赢得更多信誉及口碑。

2. 确认有无预订

接待员在为客人办理入住登记前，应先询问客人有无提前预订房间。

客人有预订，应问清客人以谁的名字预订的客房，然后迅速从计算机预订系统中或从当日抵店客人的名单中找出客人的订房资料，复述订房信息。注意确认客人姓名、住宿天数、房间种类、离店时间等内容。

如果客人没有预订而直接到店，接待员应先查看房间状态，看是否有可出租的房间，若能提供客房，即询问客人的住宿要求，同时尽可能满足客人的需要，留住客人，为客人办理登记手续。若不能提供客房，设法为客人联系周边饭店，让客人感到满意。

3. 验证、填写登记表

所有客人住宿都必须持有效证件进行登记，一客一表。

登记验证工作应做到“三清三核对”。“三清”是：字迹清、登记项目清、证件查验清。“三核对”是：核对客人本人与证件照片是否相符，核对登记年龄与证件上的年龄是否相符，核对证件印章和使用年限是否有效。

在办理入住登记手续前，接待员应礼貌地请客人出示有效证件，查验核对客人的姓名、年龄、照片是否与本人相吻合，证件有效期等相关内容，确保安全准确。

在办理入住登记手续的过程中，消耗时间最多的环节就是让客人填写入住登记表。因此，有些饭店要求接待员在保证真实、有效的前提下，千方百计地为客人缩短办理入住登记手续的时间（如预先登记），提高效率。登记表上的栏目要求逐一填写，尽可能让客人填写清楚，如果客人填写的字体潦草看不懂，应礼貌地与客人核对，如没有异议，请本人签名即可。

对于提前已办理预订房间手续的散客，饭店在客人预订时已掌握了部分信息，因此在客人抵店前，可预先填写登记表，按客人姓名字母的顺序排列，待客人抵店时，可根据客人姓氏查找出预先登记表，经核实有效证件后，请客人签名，入住登记的过程就完成了。

对于未预订的散客，饭店无法进行抵店前的准备工作，在客人填写登记表时，接待员应尽量提供帮助，指导客人填写，并尽可能缩短办理入住登记手续的时间。

对于重要客人或常客的预订，饭店因掌握的信息较全面，也可根据客人的客史档案或预订单的内容，提前填好登记表，将客人抵店前的准备工作做到位。当客人抵店时，接待员核对本人的有效证件，客人签名后即可入住。有些饭店则让贵宾享受在客房内办理登记手续的特殊礼遇。

案例

使用假证件登记住宿违法

某日，总台接待员接待一位相貌文静、西装笔挺的客人住宿，他挑选了一间安静的单人间，接待员要求他填写临时住宿登记表并查验他的证件，他告诉接待员美国饭店管理如何好，时而又闲聊他在美国求学、打工，后来获得“绿卡”的不寻常经历，接待员听得有点儿愣神，恍惚中办理完了入住手续。

两天后，在一辆出租车里，又是这位喜欢谈他“美国经历”的男客，与司机攀谈中，流露出因为一笔生意，急需人民币现款，说手中有一万美金现钞，想兑换成人民币，然后再去做那笔生意。他见司机听得入神，很感兴趣，又询问兑换比价，便急不可待地告诉他，由于急需用钱，他愿意以稍高于官方汇率的价格兑换。此时，这位司机有些沉不住气了，他当即表示想要这一万美金，并答应很快就能凑齐现款。

当晚，司机来到饭店1558号房间。那位自称有美国“绿卡”的客人让他进了房间，并殷勤地递烟、让茶，然后从公文箱内取出两沓美金，在司机面前晃了一晃。司机见状，也将提袋打开，里面装满了成沓的人民币。这时，这位男客对司机说：“现在国内流通渠道中假人民币很多，你带来的人民币是否有假，我必须到总台去验证一下。”他告诉司机不要走，在房间等候。说着，他接过司机装满人民币的提袋离开了房间。

10分钟过去了。

20分钟又过去了。

一直在房间等候的司机开始慌了手脚。他给总台打电话，询问1558房间的客人是否在总台，但总台值班员回答说未见有此客人。司机放下电话，立即跑出房间乘电梯下楼。结果，他找遍饭店里里外外也未见此人踪影。焦急万分的司机只得仰首长叹，惊呼“上当，上当”，遂向公安机关报案。

没过多久，此人在另一城区作案时被抓获。当公安部门检查他的身份证件时，发现那是个地地道道的假证件。由此可见，他是利用假证件在几家饭店住宿，以此作掩护，蒙骗善良的人们。最终，他没有逃脱法律的惩罚。

分析：

饭店总台接待员在为宾客办理入住手续时，应认真甄别证件的真假。要细心查看住店客人的证件是否有冒用、涂改、更换照片等问题。

上述案例中的总台接待员在办理入住手续时，注意力不集中，工作责任心差，没有仔细查看证件，犯罪分子也故意同服务员攀谈，以转移其注意力，导致被犯罪分子钻了空子。

小知识

身份证件的识别

（1）核对照片。核对持证人的相貌是否与证件照片相吻合，防止冒名使用他人证件。

（2）看身份证编号。18 位身份证编号的倒数第二位应该是男单女双。18 位编号顺序从左到右依次为：6 位地址号码，8 位出生日期码，3 位顺序码，1 位校验码。

（3）看有效期限。年满 16 周岁至 25 周岁的公民，有效期为 10 年；26 周岁至 45 周岁的公民，有效期为 20 年；46 周岁以上居民身份证长期有效。

（4）看身份证的正面。中国/CHINA 字体及长城防伪标线清晰，有立体感，背面网纹一致。

（5）身份证件的防伪主要由视读和机读两部分组成。视读是指用肉眼可以识别出身份证的真伪，机读则需要用机器来识别。目前饭店大多采用身份证识别器来读取身份证的信息。

4. 分房与定价

根据客人要求，适当安排房间。在分配房间时，要根据客人的不同需求、特点，有针对性地安排。对于旅游度假、探亲的客人，他们此行目的各异，但在房间环境设施上要求不高，对客房价格较敏感，希望入住价格相对优惠的房间；对于经商的客人，他们对房间价格的高低不敏感，而希望入住较豪华、舒适、安静的客房；对重要客人要安排较好或豪华的客房，体现客人的身份与地位；对携带老人及小孩全家出行旅游的客人，安排房间要相邻，以便相互关照，让客人感受到无微不至的关怀；对于团体客人，要尽量安排设施标准相同、同一栋楼的房间，既方便客人，又利于管理。对客人指定房间的预定，在分房上要直接安排给客人。

房间分配好后确认房间价格，接待员从高到低向客人介绍饭店的房间价格供客人选择，直到客人确定房价。如客人事先与饭店商定好房间价格，接待员则必须遵守订房单上已确认的房价，不能随意变动。最后确定付款方式，其目的有两个：从饭店角度来看，常常采用的付款方式有现金、信用卡、支票等，避免饭店的利益受到损害；从客人角度来看，可享受退房结账的快捷服务。

5. 确认付款方式

接待员在为客人办理入住登记手续时，应了解客人的付款方式。确定付款方式的目的主要是为了确定客人和饭店之间的信用关系。从饭店角度来看，避免饭店的利益受到损害，防止住店客人逃账；从客人角度来看，可享受退房结账的快捷服务。接待员可以从登记表中的“付款方式”一栏中得知客人选择的付款方式。客人常采用的付款方式有：现金、信用卡、支票等。

6. 发放房间钥匙

完成入住登记手续后，饭店为客人提供的房间钥匙、用餐券、宣传单一并交给住店客人，同时留意一并转交客人的代存邮件和留言。此外，还要向住店客人介绍房号、房间楼层、电梯、餐厅位置等信息，最后向住店客人说明入住登记手续已结束，并致祝愿语。

7. 录入信息和传递相关资料

客人办理完入住登记手续离开总台后，接待员要把客人的入住信息及时通知客房部，以便客房服务员做好接待准备工作。在今日抵店客人名单中注明该客人已入住。将住宿登记表中的有关内容输入计算机系统，并将填写好的表格、资料分类归档，以便建立客史档案。计算机联网的饭店，对客服务相关部门可即时得到客人入住信息。对于未使用计算机的饭店，要制作客房状况卡，插入客房状况显示架中。如果饭店计算机没有联网，接待员需填写入住单，将得到的信息分发到相关部门。最后制作住店客人账单，递交到前厅收银处。

散客入住登记的计算机操作步骤如下：

（1）在散客登记界面中，通过二代身份证号码识别器读取宾客身份证的基本信息（如果宾客持有其他证件，需输入宾客的姓名→输入身份证号→选取性别→输入年龄→选取国籍→填写家庭住址）→核实信息→选择登记日期→选择离开日期→选择房间类型→输入收取客人房费的抵押金→基本信息输入完毕，如图 3—1、图 3—2 所示。

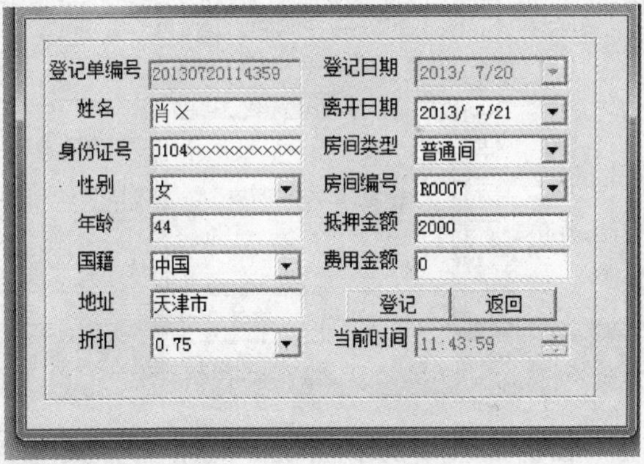

图 3—1 计算机管理系统显示散客登记状态

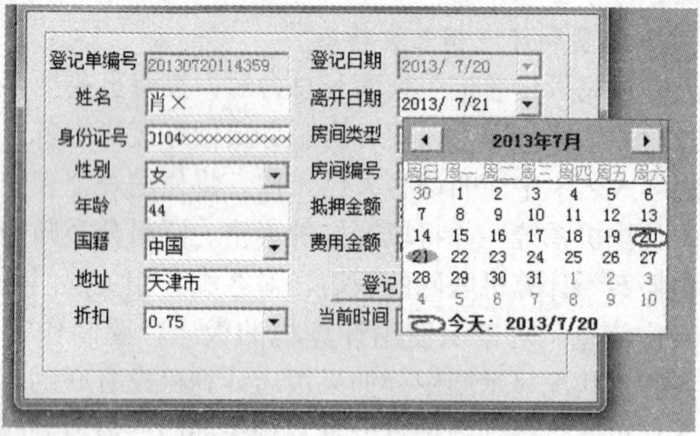

图 3—2　计算机管理系统显示散客登记过程

（2）系统提示是否登记，选择“是”，计算机弹出提示框“记录添加成功”，单击“确定”，宾客入住登记完成，如图 3—3 所示。

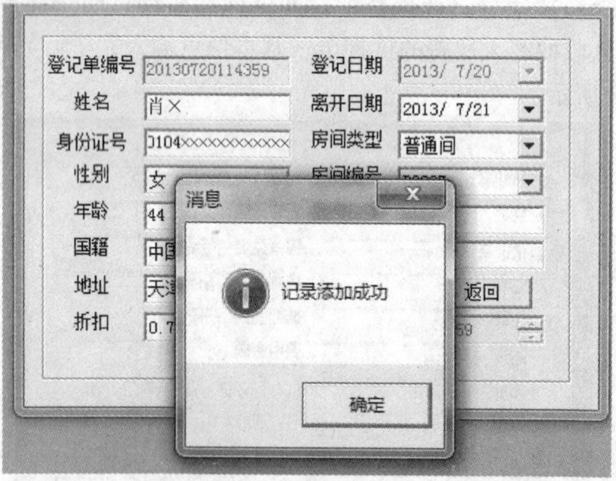

图 3—3　计算机管理系统显示散客登记完成

三、团队入住接待

1. 团队客人抵店前的准备工作

在一些大型酒店，团队接待与散客接待各自分开，团队入住登记由专人负责。

根据团队接待任务通知单确认团队住宿信息后，首先查看计算机房态信息或客房状况显示架上的信息；其次与楼层服务台联系，确认团队安排的楼层、房间是否都是可出租的，团队用房尽量安排在同一楼层；最后预留好房间并进行预排房。

对于旅行社提供的团队，总台接待员应事先与旅行社的地陪取得联系，获取团队住宿的名单、男女人数比例，予以分配房间。

特别强调的是，要确认团队会议的接待单位或主办方单位的名称及联系人、联系电话、住房间数、住宿天数、抵离店时间及付费方式等。

提前将准备好的团队用房客房钥匙、用餐券等资料装入信封，信封上要标注房号及团队名称。

随时与客房部保持联系，了解房态情况。

将团队用餐安排提前通知餐饮部做好准备。

对于大型团队会议，总台接待员可事先在一楼大厅某一区域布置好会议登记报到台，摆放好桌椅，准备好住宿登记单、笔及相关资料，布置好会议名称示意牌，放在醒目的位置，使参会人员抵达饭店后就能看到通知，直接在指定区域办理手续，避免大厅接待处出现客人拥挤现象。

2. 住客登记

团队客人到达后，总台接待员要在第一时间知道团队名称，相应找出订房资料，与团队领队或会议负责人确认用房数、人数、用餐安排等信息有无变更。

对于旅行社组织接待的旅游团体，可由旅游团的导游或接待此行程的地陪人员统一收集客人的身份证，由前台服务员代为办理团队登记手续。

对由主办单位或接待单位举办或召开的会议，会议单位设有会务联络组及联系人，总台接待员要请团队领队或会议负责人协助团队客人填写团队住宿登记表，也可采用预先登记的方法。预先登记是指：把参会人员名单先期填写在团队住宿登记表上，客人到达饭店接待员验证后，由团队领队或会议负责人在团队住宿登记表上签字。团队客人住宿登记的特点是人数多、房间多、时间集中，如按一般散客的入住登记手续，势必影响大厅环境，引起客人不满。

3. 分发房间钥匙

登记手续完毕后，总台接待员根据提前安排好的分房记录分配房间、分发房间钥匙，也可由领队或会议负责人在团队住宿登记表上签名后领取房间钥匙，直接分发给客人。

旅行社接待的旅游团由导游在团队住宿登记表上签字，领取房间钥匙。

4. 确认信息

总台接待员要与团队领队或会议负责人确认用房总间数、到会总人数、会议用房的房号、用餐时间安排、团队叫醒时间、团队行程安排、团队退房离店时间等细节。最后确认付款方式，如使用现金结算，则提前收取费用，如转账，则应明确签约单位支付的款项，请领队或负责人签字，注明单位名称、联系方式与电话。

团队入住，接待单位多数负责房费和餐费，其他费用由客人自理，对于个别客人想拥有饭店消费的签单权，应要求客人先交纳一定数额的押金。

5. 引导客人进房与分发行李

入住手续完毕后，总台接待员要协助团队领队或会议负责人及时分流团队客人，礼貌地告诉客人楼梯、房间的方位、电梯位置，引导客人进房。

总台接待员要及时、准确地将房号名单转交行李部，以便将行李送入相应房间。

6. 传递信息和制作相关表格

将团队入住登记单的有关内容录入计算机，计算机联网，饭店对客服务相关部门即可得到团队客人入住信息。如果饭店计算机没有联网，先更改房态，即总台接待员制作房间状况卡并插入房间状态显示架中，然后将入住团队信息通知客房部、餐饮部、总机等相关部门。制作团队总账单，送交前厅收银处。将团队住宿登记表及相关单据放入指定位置保存。

四、住宿条件变化的处理

1. 调换房间

调换房间有两种可能：一种是住店客人主动提出，另一种是饭店的要求。

客人在办理入住登记手续以后进入房间，会对客房的楼层、位置、朝向、大小有感观上的判断，促使客人感到满意或不满意。不满意的客人就会向前厅接待处提出调房申请，饭店应尽可能满足客人要求。

饭店出于自身的原因请求住店客人调换房间，如客房设备的损坏、客房维修保养需要的天数较长、住店客人延期离店导致预订的团体会议不能集中排房等原因，向住店客人提出调房请求。

调房的手续包含如下步骤：

（1）了解调房是出于客人原因还是饭店原因。客人方面：客房楼层的高低、客房位置和朝向、客房的大小；饭店方面：客房设备的保养及维护、客房装修的噪声影响到住店客人的休息。

（2）查询房间状态控制盘或计算机为客人安排房间。尽可能为客人调换相同档次的客房，在暂时没有的情况下，要向客人说明并做好记录，一旦有空房应立即调换，满足客人的要求。出于客人方面的原因将调房的档次升高，要向客人介绍房间及设施情况，讲明要加收房费；出于饭店自身的原因请求客人调房，要向客人表示歉意，对给客人带来的不便表示歉意，耐心做好解释工作，求得客人的谅解与合作。

（3）前台接待处填写换房/续住通知单（见表3—4），由经理批注、签字后，送达相关部门。“换房/续住通知单”一式四联，一联留前台接待处备案；二联送前厅收银处，更改客账；三联送客房部，楼层服务员接到此单后，按退房程序对原客房进行查房，按走房的房态进行清扫；四联送总机房，方便电话转接与访客电话查询。

表3—4　　　　换房/续住通知单

□房间调换　　　　□房价更改　　　　□延期离店

客人姓名		日期		时间	
原房间号		更改后房间号			
原房价		更改后房价			
原离店日期		更改后离店日期			
备注					
接待员		批准人			

□接待处　　　□收银处　　　□客房部　　　□总机部

（4）为客人提供调房时的行李服务，需要注意的是，在搬运住店客人私人物品时，应在经理与服务员同时在场的情况下进行。

（5）由前台服务员收回原房间钥匙，发放新钥匙。

（6）前台服务员更改房态，修改计算机信息。

2.续住

客人续住的程序如下：

（1）了解情况，办理续住手续。接到客人续住要求后，要问清客人姓名、房号、续住天数，然后与前厅预订处联系，了解当日和近日的客房预订情况，确认能否满足客人要求。如果同意客人续住要求，接待员开出“换房/续住通知单”，通知相关部门。

若用房紧张，无法满足客人要求，应主动向客人解释并为其联系其他饭店，争取客人谅解，直到客人满意。在旅游旺季期间，前厅部应提前采取有效办法，预知客人推迟离店日期，避免在开房率高的情况下出现问题。

（2）确认房费及付款方式。接到客人续住要求后，要向客人重申房费和付款方式，如不可享受原有房费的优惠政策，则向客人讲明，如有必要可请示上级。客人原先用现金付账，请客人重新交押金；客人原先用信用卡付账，要向前厅收银处了解是否重新预刷卡，并通知调整账目。

（3）修改信息。通知客房部客人续住情况，更改房态，修改计算机信息。

3. 延迟退房

根据国际惯例，客人退房时间为中午 12：00 之前。有些饭店为留住客人，允许延迟退房时间，但时间不宜过长，如果时间过长，则必须视为客房出租。前厅接待员接到延迟退房通知时，不要催促客人办理退房手续，收银处在为客人办理退房时，不得加收房费。

4. 提前离店

在饭店计算机联网的情况下，客人提前离店无须关注，前厅收银员根据饭店退房程序给客人办理退房手续，最后更改房态即可。

在以手工操作为主的饭店，前厅收银员接到客人提前退房的消息后，通知楼层服务员查房，随后前厅收银员收回房间钥匙，通知总机、接待处关于客人提前离店的信息，按饭店退房程序给客人办理退房手续，最后更改房态显示架上的房态信息。

第四单元　结账服务

前台结账处也称收银处，其行政隶属关系因饭店管理特点而不同，一般划归饭店财务部管辖，主要工作是客人账户的签收和保管、处理客人账务并累计客账、办理客人结账离店手续等业务，是与住店客人接触最直接的部门。它的位置与前厅部接待处相邻，现今有些饭店将前台入住登记和前台结账工作都由前台接待处来完成。因此作为前台接待员，不仅要熟练掌握入住登记程序，还应该了解并掌握前台结账服务的主要工作、操作规程及相关要求，快捷准确地为客人提供结账服务。饭店通常为住店客人提供一次性结账服务，为确保每日结清客人住店期间所发生的费用，保证客人全部赊欠账款按时收回，避免逃账、漏账及工作失误，前台收银员必须认真执行客账管理制度和规程，加强与相关部门和其他岗位的协调配合，接受财务部的审核、监督，确保饭店利益和客人利益均不受到损害。

模块一　客账管理

客账管理是一项十分细致的工作，在时间、业务、协作方面都要求很高。包括建账、记账、结账，每一个环节都直接关系到饭店的经济效益，也反映饭店经营业务活动的状况，更反映了饭店的服务水平和经营管理效率。因此，客账管理要做到建账及时、转账迅速、记账准确、结账快捷。

一、建账

前台接待员为客人办理完入住登记手续后，应依据住宿登记表和预订单的有关内容，将住宿登记单的其中一联送交收银处作为建账的原始依据。收银处按照不同客人类型建账，制作相应的账单。

1. 散客

(1) 在客人办理完入住登记手续后，前台收银员应在较短的时间内准确地建立散客账单。

(2) 认真核对账户中的客人姓名、房间号码、房间价格、离店日期、付款方式等项目是否填写齐全、准确，如有异议，应立即与接待员核实。

(3) 核准付款方式，预收押金。预收押金是饭店为减少客房收入损失而采取的一项重要控制措施。客人入住时要求预交押金(见表4—1)，对于饭店的特定客人（重要客人、上级主管部门、被饭店批准挂账的单位与个人），可免交押金。

表4—1　　押金单据

日期：		序号：
宾客姓名：		房间号码：
金额	大写	小写
备注		收款人

付款方式有：现金结算、信用卡结算、支票结算、转账结算。

1) 现金结算方式是饭店最乐意接受的一种结算方式，它有利于饭店流动资金的周转。如住店客人使用现金结算，请客人预付押金，预收押金的数额分两种：一种是预收房费的押金，预收多一天的房租，其他费用离店时结算；另一种是房费与其他费用一起预收，结账时多退少补（后一种为饭店普遍采纳的做法）。

2) 如住店客人使用转账支票结算，要求客人留下联系方式及电话号码，并要检查转账支票印章是否清晰、转账支票是否过期、书写或打印金额是否规范，对于不符合要求的转账支票拒绝签收，如有不清楚的问题，可直接向财务部门查询。

3）信用卡结算对宾客来讲是一种既方便又安全的结算方式。如收银员遇到住店客人使用信用卡结算，先要核对信用卡是否属于本饭店受理的卡，并对客人在住宿登记单上的签名与信用卡上预留的签名核对是否相符，防止伪造与冒用，然后辨别信用卡的真伪。其次，查验信用卡的有效期，过期不可接受；核实信用卡卡号是否被列入“黑名单”，留意信用卡支付的最高限额。经确认可使用的信用卡，按饭店规定受理此项业务，最后压印信用卡签购单并请本人签字。

4）转账结算方式必须建立在饭店与客户事先签订合同的情况下，客人在进店入住时，需要提供相关的住房凭证才能允许使用这种方式结算。客人结账时，在经确认的账单上签名，填写单位名称、联系方式等即可。此账由前台收银处转至财务处，由他们进行追收。

5）将住店客人的住宿登记单、账单、押金单据等相关信息资料，放入相对应房号的账夹内。

2. 团队客人

（1）前台收银员在收到团队客人的入住登记单后，准确地建立团队客人总账户，填制总账单。

（2）核对团队客人账户中的团队名称、团队所属房号、房间数、付款方式等是否准确，如有异议，应立即与会务组负责人取得联系来核实。对于团队客人中超出会议担负费用标准的客人，也应单独设立个人分账单，保证其姓名、房号同客人所住房间号一致。

（3）团队客人的账目一般由主办单位或接待单位支付。除住宿、餐饮费用外，如电话费、洗衣费等其他费用仍由客人自行支付。客人自付款项的费用要记录在个人分账单内，并注意避免漏账或跑账。

二、入账

建立了客人账户，客人在饭店内的各项消费记入客人账户，这就叫入账。入账不仅要准确而且要及时，尤其是客人即将退房离店时所发生的费用更要及时入账。

（1）前台收银处建立账单后，开始记录住店客人的一切消费费用。

（2）由于客人住店时间短，一切费用都在短时间内发生，收银处要注意催促饭店内的消费网点走账迅速，记账准确，及时把账单送到收银处。

（3）对于一次性结账的客人，收银处只累计客人的每天房租，对于客人店内消费的用餐、洗衣、电话等费用，则凭客人房间钥匙或其他记账凭证，由消费部门的收银员根据实际消费记账，并将记账单及时送到前台收银处入账。

（4）散客或团队客人支付的定金、预付款、应收账款等，应分门别类地准确记录在客人的分账户内。

（5）前台收银员及时签收各消费部门送来的原始单据，要认真复核签单上的房号、客人姓名是否与登记单或总账单上的房号、宾客签字相一致，如有疑问立即与有关部门进行沟通核实。

（6）保管和记录好客人在店消费的单据、凭证及相应的账单。

（7）借助管理信息系统传递账目。用计算机系统将饭店内各消费网点连接起来，客人的消费信息可以通过计算机直接传送到系统数据库内，记录在客人的总账单上。使用这种方法不仅信息传递快，还不受地点的限制，是目前饭店采用最多的一种办法。

模块二　客账结算

客人离店结账是前台收银最关键的工作。收银处的主要任务就是客人账单的签收和保管，处理客人账务并累计客账，办理客人的结账离店手续。客人要求办理退房手续，必须先结账，对于采用一次性结账方式的饭店，要将住店客人的一切消费一次性结清，避免漏账或追补费用现象的发生。收银员办理结账手续的要领如下：

一、准备工作

（1）前台收银员应提前一天准备次日离店客人的房号，事先将客人账单准备好核实好，不能等客人来到后再逐项核实账目，这样既可避免让客人久等的难堪局面，又不会使前厅收银服务发生混乱。

（2）事先核实好账单后，对于住店客人自行支付的费用，要通知客人提前结算。

（3）团队结账必须要将客人自行支付的账目结算清楚，属于会议或旅行社付款的账目，应请团队领队或旅行社负责人签字认可后，再进行结算处理。结账时一定要按照事先签订好的费用标准办理，特别注意团体与团体之间不可混淆。

（4）在任何情况下，收银员不得向客人泄露团队房价。

二、结账工作

客人办理退房手续，必须先结账。客人离店结账是前厅收银处最关键的环节，饭店采用一次性结算方式结清客人住店期间的任何费用。

1. 散客结账

（1）主动问候客人，询问客人是否结账退房。

（2）询问客人房间号码，与客人核实姓名、房号，收回房间钥匙和押金单等。

（3）通知楼层服务员查房，检查客房小酒吧酒水耗用情况以及客房设施设备的使用情况。

（4）核实退房时间是否符合饭店规定，延时退房是否需要加收房费。住店客人超过 12 点至 18 点之前的时间段退房，加收半天房费；延时超过18点退房，加收一天房费。

（5）委婉地问明客人是否有其他临时消费，避免漏账现象的发生。

（6）确认客人的付款方式。

（7）要将客人的房费、餐费、洗衣费、娱乐费、房间内配备客人自付项目的费用等累计出总账单，与客人进行核对，如有疑问，可向客人出示原始单据。

（8）结账，开具发票。

（9）检查是否有客人的传真、留言、邮件等未传递给客人，是否有寄存的贵重物品未取。

（10）对客人表示感谢，并祝客人旅途愉快。

（11）将客人离店退房信息通知相关部门，更新房间状态。

（12）整理账、款。

2. 团队客人结账

（1）提前做好团队客人结账的准备工作，提前一天与相关部门联系，核对清楚主账户与分账户的账目，做好查房、行李服务的准备工作。

（2）提前一天通知有自付项目费用的客人结清自付款项，以免退房时客人集中，等候时间久。通常情况是接待单位或主办单位及旅行社只负责结算房费及餐费，对于电话费、洗衣费等则由客人自行支付。

（3）当团队客人集中退房时，及时把团队客人的房号通知相关楼层服务员查房，并告知其退房。

（4）为有自付项目仍未结清的团队客人收款开票。

（5）退房时，核对团队名称、房号、付款方式，汇集总账单与会务组进行核对确认。如转账，请付款单位负责人在转账单上签字，账目上如有异议，请会务联系人与经理协商解决。

（6）收回房间钥匙。

（7）在任何情况下，不得谈及团队房价等商业机密。

(8) 团队要求延时离店，立即报告经理批准，否则按当日房价计费。

三、特殊情况处理

1. 账户出现欠款情况

如果客人在入住登记时交纳的押金已用完而继续消费时，收银员应及时通知客人补交押金，防止出现逃账现象，给饭店造成经济损失。催账时应注意语言技巧和方式方法，可用电话通知，也可用书面形式通知客人。

2. 他人代付房费情况

他人代付房费时，最好有客人的书面授权，以免出现纠纷。

案例

客人的欠费该谁付

北方某饭店的大厅人来人往，像往常一样忙碌有序。到下午，前台收银员向中班 AM（Assistant Manager）反映，405 房客人李先生超支 806 元。AM 及前厅收银员均向李先生催账并送去了催账单。稍后，李先生送来一张支票放在收银处。AM 与销售部联系，得知李先生的信誉度有待观察，持保留态度，故不愿为其担保。AM 在与前台收银员商量后，以该支票印章不清晰为由，将支票还给李先生，并要求其用现金补齐。李先生称第二天上午 10 点来交，并将其护照放在前台，说他会用现金来取。鉴于其信誉度，AM 决定暂时将其在饭店内的签单权改为观察级，采取内紧外松的策略，向客房部了解其房间行李情况（房间有较多行李），同时通知客房部、保安部关注该房动向。

此后，每班 AM 均与李先生联系催账事宜，但其一直未前来补交费用，上午推下午，下午推晚上，再推至第二天，一推再推，此时已超支 1 800 多元。期间李先生曾称与饭店的长包客户某公司联系好，他的费用由该公司支付，但 AM 向该公司相关负责人确认时，得知该公司不会为其支付费用，明确表示李先生的费用应由其自理。AM将催账情况向经理做了汇报，经理肯定了AM的工作，并指示加大催账及监控力度。过了两天，某公司刘总通知AM，李先生已与该公司协商一致，他的费用由该公司付清。随即该公司老总在李先生的相关单据上签了字。

直到李先生退房离店，饭店员工对李先生的服务都保持了热情礼貌，服务周到，AM还亲自送李先生离店。李先生对饭店的优质服务表示相当满意和感谢，并对因欠费而造成的麻烦表示歉意。

分析：

这个案例颇有戏剧性，反映了催账工作的复杂性。从先前事情发展的情况及走向来看，似乎本案的催账最终将以很不愉快的方式告终。但某公司老总的一个通知，使事情有了意外的顺利结局。这一结局，很可能为饭店留住了李先生这个客户，尽管今后向他收账仍然可能会有很多麻烦，但毕竟还是一个潜在客户，同时也使饭店方面避免了一次不希望发生的事件。

检视我们的员工，尤其是AM在本案中的处理，应该说是很恰当的。首先，AM一直对此事保持了高度关注，每班都进行了催收。其次，AM采取了与销售部联系以求担保的办法，尽管未成功，但这是一个积极的尝试。再次，根据事情的发展态势，AM通知客房部及保安部采取了必要的监控措施，并及时向经理做了汇报。这些措施，对事情的最后解决，应当说是起到了积极作用的。AM及其他员工在有关操作中做到了有礼有节，故尽管催账本是件不愉快的事情，但客人也未表示过不满，这表明我们的员工素质还是过硬的。

另外，本案中所采取的措施，都是按照饭店有关程序规定进行的，这也反映了预先制定出具有指导性和可行性的有关制度对于饭店工作的重要性。

本案也反映出一个事实，即个性化服务的客观要求实际上已经摆在了我们面前。我们面对的客人总是千差万别的，各有其个性，所以催收工作也要针对客人的不同特点进行，才能收到良好的效果。现在看来，尽可能详尽了解并记录客人的个性特点，及时在有关部门之间进行有效沟通，针对客人的个性特点制定出具体服务措施，对于饭店工作的顺利开展很有益处。

3. 结账时要求优惠

客人在结账时，往往以各种理由要求优惠。处理时要视具体情况而定，如符合优惠条件，收银员要填写退款凭证（见表4—2）（一式两联，分送收银处和财务部），由前厅部经理签字认可并注明原因，最后在计算机中做退账处理。

表4—2　退款凭证

客人姓名：　房间号：　日期：

项目	金额	
	大写	小写
总计		

经办人：　客人确认：　审批人：

4. 结账查房时发现物品丢失或损坏

这种情况在客人办理退房离店手续时出现较多，必须妥善处理。原则上应要求客人予以赔偿，但具体问题具体分析，特别是在客人不承认的情况下，更应妥善处理好，既保证饭店不受经济损失，又能使客人接受事实，更不能让客人丢面子。

第五单元　前厅相关服务

模块一　礼宾服务

礼宾服务、问讯服务、电话总机服务、商务中心服务等，是饭店前厅服务的配套项目，由于前厅服务质量具有综合性和关联性，因此它们在饭店中缺一不可。礼宾部直接为客人提供服务、传递各种信息，是饭店的门面和提供全方位“一条龙服务”的岗位，其英文名为“Concierge”，意思为在不违反道德和法律的前提下，任何事情都尽力办到，以满足客人的要求。礼宾部主要为客人提供迎送服务、行李服务和各种委托代办服务，又可称为“大厅服务处”或“行李处”。其职责是：在机场、车站和码头迎送客人；负责客人行李的搬运、寄存和保管；饭店内寻人服务；分送客人的邮件、信件和报纸及留言；代客预订出租车业务；回答客人的问讯；协助指挥和管理饭店正门入口处的车辆停放，确保畅通。

一、迎送客人服务

迎送客人服务，主要由饭店代表、迎宾员或门童为客人提供。饭店迎送服务分为店外和店内两种。

1. 店外迎接服务

店外迎接服务是前厅礼宾服务的延伸。饭店为树立良好的社会形象，赢得更多客人的口碑与信赖，创造更大的经济效益，由饭店代表作为饭店形象策略和公共关系的“代言人”，出现在机场、车站、码头等主要出入境口岸，为客人提供高效迎接和送行服务。饭店代表肩负着饭店对外宣传的任务，许多星级饭店都在机场和火车站内设有专门的接待处，迎接预订好房间的客人。同时又担当着饭店“营销大使”的重任，以良好的外部形象、饱满的精神面貌、优质的服务招揽非住店客人购买饭店的客房产品。店外迎接的服务规程如下：

（1）饭店代表应准确掌握预抵店客人名单，了解客人的姓名、航班、车次、到达时间、接待规格等情况；安排好交通工具，准备好饭店标志牌，提前做好准备工作；对于航班变更、取消或推迟的信息，及时与饭店前厅接待处沟通。

（2）在飞机、火车抵达时，要持有标明客人姓名的饭店提示牌，举牌等候，以便引起客人注意。接到客人后，代表饭店向客人做自我介绍，表示欢迎和问候，根据预抵店客人名单予以确认，帮助客人提拿行李，引领客人上车。

（3）客人上车离开机场或车站后，及时通知饭店接待处，随时做好迎接工作。一旦出现漏接情况，马上与饭店接待处联系，核实客人是否已经到达饭店并及时采取弥补措施。

（4）饭店代表除迎接预订客人外，还应积极向未订房的客人推销本饭店产品，争取更多客人入住。

2. 店内迎送服务

店内迎送服务是指在客人进入饭店正门时所进行的面对面服务。迎宾员或门童，是代表饭店在正门外迎接客人的专职人员，主要工作是迎送客人、指挥车辆、协助客人上下车。店内迎接的服务规程如下：

（1）将客人所乘车辆引领到适当的地方停车，以免门前交通拥堵。

（2）当客人乘车抵店时，应主动为客人开车门，用左手拉开车门，右手挡在车门框上沿，防止客人碰伤头部，此为“护顶”。但必须注意有两类客人不能护顶：一是信仰佛教的客人，如泰国人，他们认为每个人头上都有佛光，手挡在头顶上会遮住佛光；二是信仰伊斯兰教的客人。若无法判断客人的身份，可以将手抬起而不护顶，注意保护客人，防止发生磕碰现象。开车门的原则是先女宾后男宾、先外宾后内宾、先老人后小孩，若无法判断，则先开靠近台阶的后门。

(3) 应主动向客人问好，面带微笑向客人点头致意，并致欢迎语。对常客和贵宾应礼貌地以姓氏去称呼客人。

(4) 如客人行动不便，则应上前搀扶下车，并提示行李员为客人准备轮椅。

(5) 客人下车时，提醒客人清点行李件数，带好个人物品，主动帮助客人提拿行李。如果客人乘坐出租车抵店，迎宾员应记下出租车的车牌号码。

(6) 若遇到下雨天，应准备雨伞，主动打伞接应客人下车进店，以免客人淋湿，并提醒客人可以将雨伞放在门口的伞架上。

(7) 团体客人到店时，指挥车辆停靠，待车停稳后，迎宾员站在车门一侧迎接客人下车，主动点头致意、问好，对于行李物品较多的客人，应帮助提拿，对于老人和小孩要主动搀扶，当全体客人下车后示意司机将车驶离，停放到指定停车区域。

(8) 当客人离店时，主动为客人联系车辆，将车引导至便于客人上车的位置，协助行李员装好行李，请客人清点，然后为客人开车门，协助客人上车并向客人道别，预祝客人旅途愉快，欢迎客人再次光临。最后，关上车门，挥手向客人告别，目送客人，以示礼貌。

(9) 关车门时，注意不要夹住客人的衣角。

另外，迎宾员还要维护饭店大厅入口的清洁卫生；协助管理和疏导门前车辆，确保车道畅通；协助保卫人员做好门前安保工作，回答客人的询问，在用车高峰期间或天气不好的情况下，为客人联系出租车。

二、行李服务

行李服务是前厅部向客人提供的一项服务内容，由行李员负责提供，其内容包括为客人提供行李搬运、行李寄存、收发报刊信件、传真件的送达和留言找人及小件物品维修等服务。行李服务是琐碎而平凡的工作，既满足了客人的需要，又提升了饭店服务的档次，同时也给客人留下美好的第一印象和完美的饭店整体形象。

1. 行李服务要求

（1）掌握饭店为客人提供的各项服务内容、服务时间及相关信息。

（2）熟悉饭店内部各条路径的行走轨迹及部门位置。

（3）熟知行李员的工作流程、操作规范及行业标准。

（4）具备良好的职业道德，诚实，责任心强。

（5）善于与人交往，态度和蔼，吃苦耐劳，做到眼勤、嘴勤、手勤、腿勤。

（6）清楚当地的名胜古迹、旅游景点和购物场所，方便向客人提供准确的信息。

2. 行李服务程序

（1）散客到店行李服务

1）散客乘车抵店时，行李员应主动迎接。在客人下车后，如果看到客人的行李较多，应主动帮客人迅速卸下行李，并请客人清点过目，准确无误后，帮助客人提拿行李。对于易碎物品、贵重物品，行李员不必主动提拿，如果客人要求行李员提拿，行李员应特别小心，轻拿、轻放，防止丢失和破损。

2）装行李车时，行李少可用手提，行李多或较重则应放在行李车上。装车的原则是大、重、硬的行李放下面，小、轻、软的行李放上面。

3）引领客人到总台接待处。在引领客人时，要走在客人的左前方，距离客人两三步，步伐节奏应尽量与客人保持一致，遇到转弯处时，应用手示意前进的方向。

4）客人在办理入住登记手续时，行李员应站在客人身后约1.5米处看管行李，听候召唤。

5）客人办理完入住登记手续后，行李员应从接待员手中领取客房钥匙，引领客人去客房并提拿行李。

6）主动为客人叫电梯，请客人先上电梯。行李员进电梯后，按好楼层按钮，然后站在电梯控制面板一侧，面朝客人，主动与客人沟通。电梯到达楼层停稳后，请客人先行，行李员随后提行李跟出。

7）到达客房门口时，核对钥匙牌上的房号与房间号码无误后，先敲门，后用钥匙开门。开门后，开灯，退到房门一侧，示意客人先进房间，将行李物品放在行李架上或按客人吩咐放好。客人的主要箱子应放在行李架上，正面朝上，箱把手朝外，以便客人取用。

8）向客人介绍客房设施设备及使用方法。如空调开关的位置、小酒吧的使用须知、无线上网接口的位置、卫生间冷热水开关等，方便客人使用。

9）房间介绍完毕，行李员应征求客人意见并祝客人住店愉快，礼貌地向客人道别，轻轻把门关上。

10）回到行李处，填写工作日志。

（2）散客离店行李服务

1）当行李处接到客人离店搬运行李的通知时，要问清客人的房间号码、姓名、行李件数、搬运时间，做好记录，与总台收银处联系核实客人是否结账，及时安排行李员到客人房间提取行李。

2）先敲门，经客人同意后方可进入房间。与客人一同清点行李件数，询问客人是否需要寄存行李，如客人直接离店，在装上行李后，礼貌地请客人离开客房，带客人到前厅收银处办理退房结账手续。

3）确认客人已付清全部费用办理完毕离店手续后，协助客人将行李出店装车，向客人道别，欢迎其再次光临。

4）返回行李处，填写工作日志。

（3）团队进店行李服务

1）团队行李到店时，行李员应及时卸下，尽快清点行李件数，同时查看行李是否有破损情况，如有损坏，请来人亲自证实，并通知陪同和领队。

2）将每一件行李拴好行李牌，用绳串联起来，摆放整齐，妥善保管，防止丢失。

3）明确团队名称，与领队核实并确认行李总件数，请领队签名确认。

4）依据总台安排的分房表分拣行李，并在行李牌上注明房号。

5）按行李牌上注明的房号将行李送往客房。

6）到达客房时，行李员应将行李放在房门一侧，轻敲门，客人开门后，主动向客人问好，经客人确认后将行李放入房间离开。如果不是客人的行李，请客人稍候并及时上报领班。

7）如果客人不在房间，请楼层服务员开门，将行李放在房间的行李架上。

8）对于无人认领的行李，要及时与领队和陪同取得联系尽快解决。

9）运送行李完毕后，填写团队行李进离店记录表（见表5—1）。

（4）团队离店行李服务

1）依据团队接待计划，前台行李处对于次日离店的团队，及时与领队或会务接待组联系，确定收取行李时间及运送行李事宜。

2）在规定的时间段内，按照团队名称和房间号码到楼层收取客人行李，记录好每个房间的行李件数，拴好行李牌。

3）将行李集中到行李处，再次核对实数与记录是否相符，请领队或陪同清点件数，确认无误后，双方签字。

4）与旅行社负责接运行李的工作人员办理交接手续，检查、清点行李，协助行李搬运装车。

5）填写团队行李进离店记录表（见表5—1）。

表5—1　　　　团队行李进离店记录表

团队名称			团队代号		
行李到达时间		离开时间		卸车行李员	
进店行李件数			出店行李件数		
收取行李时间			核查人		
备注					
房间号码	行李件数	行李员	房间号码	行李件数	行李员

3. 行李的寄存与提取

行李员在客人抵、离店时除为客人提供行李搬运服务外，还负责住店客人的行李物品寄存服务。

（1）行李寄存

1）客人寄存行李时，行李员应主动问候，热情接待。

2）请客人出示房卡，以便确认客人身份。

3）询问客人所寄存物品中有无贵重物品或易燃易爆及易碎的物品。

4）填写行李寄存单（见表5—2），此单一式两联，一联为寄存联，另一联为提取联，经客人确认行李物品件数后，请客人签字。

5）将行李寄存单的提取联交给客人，并提醒客人注意保存，凭此联领取行李。将寄存联挂在行李上，并向客人说明饭店的有关事项。

6）将寄存的行李存放在行李柜内。

表 5—2 行李寄存单

姓名		日期		时间	
房号		行李件数			
客人签名		行李员签名			

7）在行李寄存登记表上做好记录。

（2）行李提取

1）当客人要求提取行李时，行李员要收回寄存行李提取联与寄存联核对。

2）核对无误后，将行李物品取出，交给客人，请客人当面清点并签字。

3）将行李寄存单的两联装订在一起，备案存档。

4）如果客人的寄存单提取联丢失，应要求客人持有本人的有效身份证件连同领出行李的说明一并附上交给行李处核实后，方可领取行李。

5）将领出行李说明与寄存单装订在一起备案存档。

三、委托代办服务

1. 饭店寻人服务

礼宾部行李员负责寻找不在房间的住店客人时，要向来访者问清住店客人的姓名与房号，与总台确认核实后，由行李员举着写有客人姓名的寻人牌在饭店公共区域、营业场所寻找客人。行李员边举牌行走，边敲击牌上安置的铜铃或其他发声装置，提醒客人注意，以便发现客人，还可以通过电话与饭店各营业场所的服务员取得联系，帮助查找。

2. 递送转交物品

递送转交物品服务的内容包括：客人的邮件、信件、物品，饭店的各种报刊、内部的表单等，通常由行李员分送到客人房间或饭店相关部门。

（1）递送服务

1）递送住店客人的邮件、挂号信、包裹和其他物品时，一定要当面交给客人，并请客人确认签收。

2）递送客人留言单、普通信件可从客房门缝下塞入，尽量不打扰客人。

3）按当日客房状况显示表上的住客情况派送报纸，做好记录。

4）注意不得拆阅客人的邮件或留言，对查无此人的邮件，经反复核实后及时退回。

（2）转交物品。转交物品分两种：一种是住店客人转交物品给来访者；另一种是来访者送给住店客人的物品，因各种原因客人不在房间，来访者又不能久等，而委托饭店转交客人。

1）如果是住店客人转交物品给来访者，住店客人要提供来访者的姓名，待来访者领取物品时，要请其出示证件并签名。

2）如果是来访者转交物品给住店客人，先要确认本饭店有无此人，若有此住客，先了解物品，查看物品名称和件数，向来访者说明贵重物品到收银处寄存，危险品则拒收。请来访者填写转交物品登记表，注明来访人姓名、地址、电话号码，转交物品名称和件数，双方经办人签名。

3. 预约出租车

客人外出向饭店提出预约出租车时，行李员应将客人的订车要求准确记录在车辆预订单上，注明客人姓名、房间号、用车日期及时间、人数、价格、车型是否有要求等。联系的出租车可以是饭店自有的，也可以是出租汽车公司在饭店设点服务的，还可以通过电话从店外预约订车。

当出租车到达饭店时，行李员要向司机讲明客人的姓名、目的地等，必要时充当客人的临时翻译，向司机解释客人的要求。为避免客人迷失方向，可在饭店简介上写清客人所去的方向和目的地交给客人。

行李员还应提醒赶飞机或火车的客人，留出充裕的时间提前出发，防止因路上交通堵塞而耽误了行程。

4. 订票服务

订票服务是饭店的一个重要服务项目，主要为客人代订购火车票、飞机票、船票。尤其在旅游旺季和节假日期间，“购票难”问题越来越突出，解决票务问题是饭店能否吸引客人、扩大客源市场的重要手段。

（1）受理客人的订票要求时，首先要问清客人代办票务的类别，向客人介绍服务费收费标准和定金收取的办法。

（2）其次填写订票委托单，其内容包括客人姓名、房号、证件号码，预订票的日期、起点、目的地、班次，特别强调的服务等级，如火车硬座、硬卧和软卧，飞机经济舱和公务舱，轮船的舱位等。

（3）向客人确定付款方式。如收取了定金或订票款，应在订票委托单上注明；如需饭店前期垫付，要将收据交到前台收银处，记入客账，待客人退房时一并结算。

（4）如果饭店已尽全力而不能订到票，须向客人说明情况，并问清能否改买其他日期车次或航班的票。

（5）拿到票后，及时通知客人取票，收回客人取票凭证，并当面将客人的有效证件、票款余额及相关票据如数交给客人，请客人当面核对、点清。

（6）如饭店未能买到指定日期的票，要提早通知客人并向客人道歉，尽量为客人提供相关帮助。

5. 快递服务

（1）了解物品种类、重量和发往地。

（2）向客人说明有关违禁物品禁止邮寄的限制。

（3）如果是国际快递，要向客人说明海关限制和空运限制。

（4）提供打包和托运一条龙服务。

（5）联系快递公司上门收货。

（6）记录托运单号码，将托运单交给客人并收取费用。

(7) 贵重或易碎物品交专业运输公司托运。

6. 旅游服务

饭店与旅行社、旅游景点共同携手打造旅游服务项目，其目的是提高饭店的知名度和信誉度，扩大客源市场，招揽更多的客源，增加经济效益。因此，礼宾部员工要熟知旅游市场动向，了解客人旅游要求，推荐和组织客人旅游，做好以下服务：

(1) 登记客人的姓名、房号、住店日期、人数，掌握客人的基本情况。

(2) 向客人推荐有价值、有回忆的深度旅游线路。

(3) 为客人联系声誉度、信誉度较好的旅游公司和旅行社。

(4) 告知客人准确的乘车时间与地点。

(5) 向客人说明旅游的注意事项和旅游攻略。

7. 提供雨具及保管服务

(1) 有些饭店在下雨或下雪时，在前厅入口处备有雨伞，供住店客人免费使用，但不能带走。

(2) 下雨天，客人上下车时，门卫提供撑雨伞服务。

(3) 当天气不好的情况下，来宾的湿雨伞、湿雨衣带入饭店会弄湿大厅的地面，容易导致客人摔伤。为避免类似事件的发生，饭店在入口处设有伞架供客人存放雨具，同时备有伞套，给雨伞、雨衣套上塑料袋，方便客人携带。

8. 电梯服务

现代饭店普遍安装使用自动电梯，既方便客人又节省饭店人力，同时也是客人上、下楼的代步工具。有些饭店为体现对客人的礼遇接待和服务，在电梯内设专职电梯服务员为客人操作电梯，既体现了饭店服务的个性化，又显示了饭店对客人的尊重，同时也保证了电梯的正常运转。

(1) 电梯服务员应站在电梯内靠近面板按钮的一侧，当电梯门打开时用手护住电梯，主动向客人打招呼问好，请客人进入电梯，问客人到几楼。

（2）在电梯运行期间，耐心回答客人的各种问题，同时向客人介绍饭店最新信息。

（3）电梯到达相应楼层停稳后，在开门前，应主动报楼层数。

（4）对于老人、小孩和行动不便的客人，应主动搀扶入电梯，待其站稳后启动电梯运行，电梯到达后，也要搀扶他们出电梯。

（5）发现电梯运行故障要及时通知大堂经理和工程部立即维修，并留意电梯内是否有客人。

（6）定期请专业人员维护检修、调试电梯。

模块二 问讯服务

一、问讯处服务

客人在住店期间，需要随时了解他们关心的问题，有许多情况需要询问，如餐厅营业时间、本市公交巴士的收费标准等。要使客人满意，使客人感到方便，真正成为客人旅途中的“家”，饭店的每一位员工都应随时随地回答客人的提问，帮助解决困难，问讯处的作用就是为客人排忧解难，方便客人。

问讯服务是饭店免费为客人提供客房销售的配套产品，大型饭店一般设有专门的问讯处，中小型饭店为了节省人力，则由总台接待员兼任。问讯员应掌握大量信息，尽量满足客人的各种需求，为客人提供及时、准确、周到的服务。

1. 问讯处的业务范围

（1）对客人的问讯，要提供准确信息，使客人感到方便、满意。

（2）做好留言服务。

（3）处理好客人的信件、邮件。

(4) 完成好客人委托代办的事情。

2. 问讯处掌握的信息

(1) 本饭店的经营规模、等级、特色。

(2) 本饭店内部的组织机构和各部门之间的服务协调网络，熟悉各部门的职能，以便能准确地与相关部门取得联系。

(3) 本饭店的服务设施、服务项目、营业时间及收费标准。

(4) 本饭店各部门电话号码。

(5) 客源地的风俗习惯、爱好与禁忌等。

(6) 本饭店周边医院的电话及地点。

(7) 本地各主要旅游观光景点、商业步行街、购物中心、交易会展中心等地址及抵达距离与所需时间。

(8) 本地主要餐饮、风味小吃、娱乐场所的名称及其特色以及地址和电话号码等。

(9) 政府部门、大专院校等位置及具体地址等。

(10) 当地国际国内航班、火车车次的咨询电话等。

(11) 熟悉本饭店所在城市的交通、城市风光、当地特色等情况。

为做好问讯服务，问讯处应备有各种相关资料和工具书，以便随时查用，如交通时刻表、全国地图、本市地图、旅游景点宣传册、饭店宣传册、电话号码簿等。

二、查询服务

1. 查询服务的基本要求

资料齐全，查询迅速，答复准确，为住客保密。

2. 受理查询情况

问讯处会经常受理查询住店客人的情况，如客人是否入住本饭店、入住的房号、客人是否在房间等各种查询服务，问讯员应根据具体情况区别应答。

(1) 查询客人是否入住本饭店。接到访客的问讯，通过查询计算机或查询当日入住登记单及住店客人信息显示架，来确定客人是否已入住，如实应答。如客人尚未抵店，则以“该客人暂未入住本店”答复访客；如客人已退房，则向访客说明情况。

（2）查询客人入住房号。这种查询以电话查询的形式较多，应予以特别注意。饭店必须为住店客人保密，保证客人不受无关人员或客人不愿接待人员的干扰。问讯员未经客人允许，不能将房号告诉给其他人或直接将访客带入客房，如实回答，应征得客人的同意或许可。

（3）查询客人是否在房间。无论是电话查询或访客到店查询，先确认客人是否已入住，然后核对房号，以电话形式与房间客人联系，将访客情况告诉客人，经客人同意后才可以将房号告诉访客。遇到客人不在房间，可通过其他方法在饭店内的其他场所帮助查找，或提供留言服务。未经客人许可，绝不可以把访客带入客房，或直接把客人的房号、姓名、住址及相关信息等告诉来访者。饭店有义务保护住店客人的隐私，确保住店客人不受无关人员或不愿接待的访客的打扰。

案例

为客户保密

2010 年 4 月的一天，有两位内宾来到市中心某饭店的总台，要求协助查找一位叫彼得的美国客人，并想尽快见到他。

总台接待员立即进行查询，核实后确实有一位叫彼得的先生住在这里，房号是 406 号，接待员于是接通该客人的房间电话，但长时间没有应答，接待员便和蔼地告诉来访客人，确有这位先生在本店住宿，但此刻没在房间，也没有他的留言，请来访者在大厅休息等候或另安排时间约见。

两位来访者对接待员的答复感到不满意，并一再说明他们与彼得先生是相识多年的朋友，要求总台接待员告诉他们房间号码。总台接待员和颜悦色地向他们解释：“为了住店客人的安全，本饭店有规定，在未征得住店客人同意的情况下，不便将房号告诉其他人，两位先生远道而来，但正巧彼得先生不在房间，我建议您在总台给彼得先生留言，或随时与饭店总台联系，我们乐意随时为您服务。”

来访客人听了总台接待员的话，便写了一封信，留下后离开了饭店。

晚上，彼得先生回到饭店，总台接待员将来访者留下的信交给了他，并说明为安全起见和不打扰您的休息，没有将您的房号告诉给来访者，并请彼得先生谅解，彼得先生当即表示予以理解，并肯定了饭店订立的规定有助于维护住店客人的利益。

分析：

“为客户保密”是饭店的义务，关键在于处理得当。这位总台接待员始终礼貌待客、笑脸相迎并耐心向来访者解释，及时提出合理建议。由于态度和蔼、解释中肯，使来访者不但不埋怨，而且对这家饭店严格的管理留下深刻印象。从这个意义上讲，维护住店客人的切身利益、以安全为重、使客人放心安心，本身就是饭店的一种无形的、特殊的服务。

三、留言服务

留言服务是饭店为客人提供的一项服务环节。它属于总台的服务范畴，总台受理客人留言分为两类，即访客留言和住客留言。

1. 访客留言

指来访客人给住店客人的留言。

问讯员在接待来访客人时，经核实住店客人不在房间，问讯员可建议访客在大厅等候或征求其意见是否需要留言；有电话找住店客人，但住店客人暂不在房间时，问讯员应告知对方房间电话无人接听，征询其意见是否需要留言。

问讯员在填写留言单（见表5—3）的过程中，要向对方复述留言内容并确认。访客给住店客人的留言单一般为一式三联，第一联放在问讯处，第二联送达总机，第三联则装入信封，由楼层台班处服务员送进客房，或将留言信封从房门下塞进房内。客人可以通过以上途径获知访客留言的内容。

表 5—3　　留言单

留言单		
致：	房号：	日期：
留言：		
接待员：	客人签字：	

提供访客留言服务要注意的问题：

（1）交接班时应对留言处理情况交代清楚。

（2）留言传递要做到迅速、准确。

（3）楼层客房服务员应予以配合，在客人回房间时提醒有关访客留言事宜。

2. 住客留言

指住店客人给来访者的留言。

住店客人暂时不在房间或离开饭店时，想给来访者留言，问讯员请客人填写留言单一式两联，总台问讯处、电话总机各一联，在来访者到达饭店后，经问讯员核实，把客人填写的留言单（应提前装入信封）交给来访者或将留言内容予以转告。

提供住客留言服务要注意的问题：

（1）各班次交接班将留言受理情况交代清楚。

（2）住客留言单上已标明留言内容的有效期限，只有过了有效期来访客人仍未取走，也未接到留言者最近的通知，饭店才可以将留言单按作废处理。

（3）接受客人电话留言时，要听清客人留言内容，准确记录，经复述，客人确认无误后，再填写留言单。

受理留言服务，无论采取何种方式处理，留言一定要准确及时地通知到客人，否则就会导致客人的不满甚至投诉。

四、邮件包裹服务

客人邮件包裹的传送是饭店问讯处的一项工作，邮件服务分接收邮件包裹服务和代办邮寄服务两类。

1. 接收邮件包裹服务

邮件收到后，应仔细清点、分拣，先对邮件进行分类，如饭店邮件、员工邮件、租用饭店办公单位的邮件、客人的邮件等，在邮件接收登记表上登记后迅速、准确地发送。问讯员要认真负责，工作上的疏忽大意会给客人造成不应有的损失，影响饭店的信誉。

(1) 对寄给住店客人的邮件，收到后必须先核实，根据邮件上的信息确认客人的姓名与房号。

(2) 对于普通信件放入钥匙架内，待客人来取钥匙时交给客人，也可由行李员送往房间，如果客人不在房间，则转交楼层台班，由其送入客人房间内。

(3) 对于客人的电报、电传、邮件（挂号信、汇款单、特快专递）、包裹等，应立即打电话通知客人，“××先生/小姐，这里是饭店礼宾部，我们刚收到您的邮件/包裹，请问我们可以马上送到您的房间吗”。得到客人确认后，送往客人房间，确保邮件/包裹不延误，送到客人房间的邮件/包裹需要得到客人的签名确认。

(4) 对寄给已离店客人的邮件，如客人离店时已委托饭店代为转寄邮件，饭店应予以办理，否则按寄件人的地址退回。

(5) 对于已预订尚未到达的客人邮件/包裹应保存在问讯处，在客人的订房资料中注明，等待客人入住时转交。

(6) 如果客人不在房间，应按留言程序通知客人，并请客人回到房间后立即与问讯处联系，及时前来领取邮件/包裹。

（7）员工邮件/包裹由行政办公室或人事部门转交给员工。

（8）租用饭店办公单位的邮件/包裹，由前台问讯处处理。

（9）对于姓名不详或无法找到收件人的邮件/包裹，应保留一定时间，并在保留期间每天核对，在确定无人认领后，按原址退回并做好邮件退回记录。

2. 代办邮寄服务

为方便住店客人，饭店为客人提供代办邮寄服务，其内容包括代售邮票、明信片，为住店客人代发平信、挂号信、特快专递及包裹等。

（1）掌握国内、国际信件邮资标准，向客人建议贴足邮票，防止邮资不足被退回，按时将信件送往邮局。

（2）如果是特快专递可与邮局联系，由邮局派服务人员前来领取。

（3）如果是挂号信、包裹，由前厅问讯处问讯员代为解决，费用由住店客人用现金支付或由饭店先垫付，将单据转到收银处入账，待客人退房时一并结清。

模块三　电 话 服 务

电话在人们的日常生活中日益受到重视，是人与人之间进行沟通的重要通信工具。电话服务是饭店以电话为对内及对外联系的通信服务设备，直接为客人提供各种话务服务。话务员悦耳动听的声音代表着“饭店形象”，电话服务的好坏，直接影响着客人对饭店的评价，甚至关系到饭店的声誉。

一、电话服务的基本要求

（1）电话铃响三声内应答。

（2）主动向客人问好，使用敬语，报本饭店名称或岗位。

（3）接听电话，口齿清楚，语言规范，语音亲切、柔和，语速正常适中。

（4）头脑清楚，反应灵活，回答内容简明扼要。

（5）工作认真，业务熟练，听写迅速，乐于助人，责任心强。

（6）熟练掌握电话接转及相应设备的使用技能和规程，操作轻、快、准。

（7）熟悉本饭店主要负责人的声音特点。

（8）工作细心，态度谨慎，保守饭店工作机密。

二、内部转接电话服务

熟悉饭店所有内线分机号码；掌握饭店主要管理人员的姓名和联络方式；帮助饭店内部或客人呼叫所要寻找的人员；掌握本地区公安、消防、医院、供电所的电话号码，如有突发事件发生，立即通知经理与这些部门取得联系。

（1）转接电话要在铃声响三声内接听，并主动向客人问好，自报本饭店名或本岗位。如外线电话应报“您好，某饭店”，内线电话应报“您好，总机”。

（2）根据客人的指令，迅速准确地接转电话。

（3）与客人通话时，声音清晰自然、亲切甜美、音调适中、语速正常，要让对方在电话里“听出”服务员的微笑，有亲切感。

（4）遇到转接的电话占线时，应使用轻音乐，使客人在悦耳的音乐声中等候。

（5）接转后若无人应答，铃响五声后，话务员必须向客人说明：“对不起，电话无人接听，请问您是否需要留言或过会儿再打来?”需要给住店客人留言的电话由总服务台问讯处处理，给饭店内部管理人员的留言，由话务员记录并复述确认，通过传呼或其他方式尽快转达。

（6）挂断电话勿急切，一定要在客人先挂线后再切断电话。为能准确、快速地接转电话，话务员必须熟练掌握接转电话的技能，熟知交换机的操作方法。

三、长途电话服务

饭店一般采用程控直拨电话系统，客人可在房间直拨国际、国内长途电话。通话结束后，饭店计算机管理系统会自动计算通话费用并直接转入房间账户及打印出账单。对于需要开通长途电话业务的住店客人，话务员要及时与前厅接待处联系，接待员要向住店客人讲明开通电话的程序与办理开通长途电话业务的手续。客人通话结束后，话务员要及时将电话的收费结算单转交前台收银处或为住店客人记账，或请住店客人结账。直拨电话系统的使用，方便了客人，加快了通信联络的速度。

四、电话叫醒服务

电话叫醒服务是饭店对客服务的一项重要内容。由于它涉及客人的计划和行程安排，特别是叫早服务，往往关系到客人出行的航班和车次，因此千万不能出现差错，贻误叫醒时间，否则会给饭店和客人带来不可弥补的损失。饭店向客人提供叫醒服务的方式有两种：人工叫醒和自动叫醒。

1. 人工叫醒服务

（1）受理客人叫醒服务，要询问客人的房号、姓名、叫醒时间，并确认。

（2）填写叫醒记录表，填写清楚房号、叫醒时间等。

（3）使用定时器定时。

（4）叫醒时间到，接通客房分机先向客人问好，告之叫醒时间到，若无人应答，过5分钟人工再叫一次。

（5）客人有应答，在叫醒记录表上注销。

（6）如果两次拨打电话均无人应答，应通知客房服务员去敲门，直到叫醒客人为止。

（7）对迟醒的客人要对他们讲明叫醒时间已超时，并将客人晚起的时间等记入档案，一旦日后客人投诉，可作为解释的依据。

2. 自动叫醒服务

（1）受理客人叫醒服务，要询问客人的房号、姓名、叫醒时间，并确认。

（2）填写叫醒记录表，填写清楚房号、叫醒时间等。

（3）将需要叫醒的房号、时间输入计算机，检查核实计算机屏幕显示与记录表的内容是否一致，以防有误。

（4）叫醒时间到，客房电话机按时响铃唤醒客人，客人拿起电话听筒即可听到提醒语音。

（5）如果铃声时间已达一分钟而无人接听，铃声即自动终止；过5分钟后将再次响铃一分钟，第二次响铃仍无人接听，应通知客房服务员去敲门叫醒客人。

饭店向客人提供的人工叫醒或自动叫醒服务，服务人员受理此项业务应认真、仔细对待，如果出现疏忽或计算机设备出现故障而忘记叫醒客人，其后果非常严重。对具有自动叫醒功能的饭店，在记录客人已被叫醒后，应再用人工叫醒方法检查落实，以证实客人确已被叫醒。如果是重要客人，必须使用人工叫醒服务。此外，叫醒服务还应注意方式和语气，尽可能使客人感到亲切、体贴。

五、电话查询服务

客人会向总机话务员提出各种问讯，话务员需要为客人提供查询服务。话务员需要掌握的信息资讯与问讯员掌握的信息范围相似。信息要不断更新，使查询工作高效、快捷。

（1）客人通过电话了解饭店的服务项目时，话务员要主动热情介绍，随时推销饭店产品，尽量留住客人在本饭店消费。

（2）客人查询电话号码时，应先请客人稍等，查明后立即告诉客人。如果需要较长时间查询，应主动征求客人意见，询问客人是否可以先留下电话号码，待查实后，再与客人联系告之。

（3）访客查询住店客人房号时，话务员应礼貌地进行核准再予以接转，未经住店客人同意，不得随意向外泄露房号。

(4) 如果暂时找不到住店客人，话务员应立即与总台问讯处联系进行查找，不能简单回绝。

(5) 总机室内可设记事板，用于记录有关事项和通知，提醒话务员随时注意。

模块四　商务中心服务

为满足客人的商务需求，越来越多的饭店设立了商务中心(Business Centre)，专门为客人提供商务洽谈、打印文件、网络服务、收发电子邮件和传真、复印、翻译等服务。商务中心是现代饭店的重要标志之一，是商务客人经常光顾之处，是客人的“办公之家”。

一、工作环境

1. 位置便利

商务中心应设在饭店一层或二层的公共区域内，并有明显的指示标记牌，便于客人查找及兼顾饭店内部员工工作联系。

2. 布局合理

商务中心划分格局应合理，具有安静、隔音、舒适、优雅、整洁的特点。既有公共服务区域，又有供客人单独工作的区域，开放式接待台可以观察到商务中心内每个区域的情况，便于提供主动服务。

3. 环境幽雅

商务中心装修典雅，温、湿度适宜，空气清新，环境整洁，灯光明亮，各种设备摆放有序整齐，座椅美观舒适，室内摆放绿色植物，让客人有一个愉悦的环境。

二、设备用品的配备

(1) 多功能复印机、速印机。

(2) 传真机、打印机、录像机。

（3）打字机、装订机、扫描仪。

（4）可上网的计算机、大屏幕电视、投影仪、DVD播放机。

（5）直拨电话、录音笔及商务辅助工具，如计算器、电话簿、最新航班及车船时刻表、报纸、杂志、相关商务期刊等。

（6）碎纸机、办公用品、办公桌椅、沙发、会议室等。

三、商务中心的业务范围

商务中心是饭店为客人进行商务活动提供相关服务的部门。许多商务客人在住店期间要安排商务活动，需要饭店提供相应的信息传递场所。为方便客人，饭店一般在大堂附近设置商务中心，专门为客人提供商务服务。

商务服务内容包括打字、复印、传真、Internet 服务、办公设备出租等业务。商务活动对服务的要求很高，客人往往对商务活动的时间要求精准，对商务活动的内容要求详细，对商务活动的信息要求高度保密，对商务中心工作人员要求热情礼貌、精通业务，掌握相关工作知识和技能，严守秘密，协调好与饭店各部门的联系，提供高水准、高效率的对客服务。为满足客人的需要，商务服务已日趋自助化，商务服务质量也已成为衡量饭店服务质量的一个重要方面。

四、商务中心的服务程序

商务中心的服务项目很多，业务服务方面相差很大，但其服务程序却有许多共同点，分为迎客、了解客人需求、介绍收费标准、受理业务、结账及送客等方面。

1. 打印服务

打印是商务中心常见的服务项目，客人往往要求将写好的文稿用计算机打印成字迹清楚的印刷体文本。其服务程序是：

（1）主动迎接客人。当客人走进商务中心时，接待员主动向客人礼貌地打招呼。如遇自己忙于其他工作不能及时接待时，则向客人表示歉意，并请客人稍候。当接待员正在接听电话时，应向客人点头微笑，示意客人在休息处稍候。

（2）了解客人需求。向客人了解文稿的打印要求，问清客人对文件的格式、排版、字体、稿纸规格、打印份数的需求；迅速浏览原稿件，对稿件不明或字迹不清楚的地方，礼貌地向客人询问。

（3）接收打印。告知客人打印文件的完成时间，同时向客人介绍收费标准。当不能在短时间内完成时，记录客人的姓名、联系电话、房号，以便及时与客人联系。

（4）校对文稿。打印初稿后，请客人校对或按照客人要求修改，并再次核对。

（5）交稿收费。将打印文稿进行装订，双手持稿件上端递给客人，先征求客人意见是否拷贝文件，然后删除计算机中的原文件，并将作废的稿件放入碎纸机中，最后，按规定价格收取费用。

（6）送客。起立、微笑、点头向客人致谢并道别。

2. 复印服务

复印，是将客人交给的稿件按要求用复印机进行复制，其服务程序是：

（1）对于前来复印的客人要主动迎接，接待员主动向客人礼貌地打招呼。如遇自己忙于其他工作不能及时接待时，则向客人表示歉意，并请客人稍候。当接待员正在接听电话时，应向客人点头微笑，示意客人在休息处稍候。

（2）要礼貌地向客人问清复印的规格和份数，并介绍复印的收费标准。

（3）调试好机器，选择纸张规格、复印张数及深浅程度。

（4）将文件原件放在复印平面上，检查纸盒有无纸张后，按操作要求复印。

（5）若要复印多张或调整比例，应先查看第一张复印效果，征得客人同意后，即可连续复印。

（6）复印完毕后，取出复印件和原件一并交给客人。

（7）主动询问客人是否需要装订，如有需要，则为客人装订好。

（8）按规定价格计费并收取费用。

（9）如果客人提出挂账，应请客人出示房间钥匙，核对后，请客人在账单上签字。

3. 接收传真

接收传真分两种情况，一种是客人直接到商务中心亲自接收传真，另一种是商务中心服务人员接到传真后将传真件送交客人。其服务程序是：

（1）接到对方传真要求后，及时给出接收信号（自动接收状态时，免除此操作），接收对方发来的传真。

（2）接到传真后，认真检查传真的字迹是否清楚、页面是否齐全，核对传真上客人的姓名、房号是否与亲自接件的客人相吻合，无误后，让客人取走。转交的传真件要填写传真接收记录表，并将传真装入信封内。

（3）电话通知客人有传真来件，请客人自取；或派行李员将传真送到房间交给客人，并请客人付款或在收费通知单上签名。

（4）如果客人不在房间，立即填写留言单，并由行李员将留言单送入客房。

（5）遇到疑难传真时，应及时向大堂经理请示汇报。

4. 发送传真

（1）主动迎接客人。

（2）问明客人传真发往的国家和地区，并核实发往国家和地区的电话号码。

（3）向客人介绍收费标准。

（4）将传真稿件放入发送架内，用电话拨通对方号码，听到可以传输的信号声后，按发送键将稿件发出。当出现线路占线暂时发不出去时，应礼貌地请客人稍候，继续拨发，直到发送完毕。

（5）将原稿件送还客人，办理结账手续。

（6）向客人致谢道别。

模块五　贵重物品保管服务

饭店有义务保护住店客人生命财产的安全。贵重物品保险箱是饭店为住店客人提供贵重物品保管服务的一种设备。它有两种规格：一种是贵重物品保险箱，放在前厅收银处，由收银员负责；另一种是放在饭店客房内的小型保险箱，密码可以自行设定，供住店客人使用。现在规格较高的星级饭店客房中普遍配备有小型保险箱。

一、保管服务程序

（1）问候客人，了解住店客人寄存需求。

（2）请客人出示房间钥匙，确认客人身份。

（3）为客人详细介绍保管须知，如保管贵重物品的期限、不宜寄存的物品等。

（4）办理寄存手续，请客人填写保险箱服务卡（见表5—4），并检查客人填写的内容是否真实、准确、完整。

（5）为客人选择保险箱号，并在保险箱服务卡上填写清楚，请客人确认和签名。保险箱服务卡一式两份，分为正本和副本。

（6）向客人说明保险箱的使用方法，要特别强调只有两把钥匙同时使用，才能打开保险箱。

（7）请客人自己将贵重物品放入保险箱内，锁好保险箱，将其中一把客用钥匙及保管卡副本交给客人，告知客人妥善保管，另一把保管钥匙及保管卡正本由当班收银员存放。

（8）当班收银员在保险箱使用登记表上准确填写存入时间、保险箱号、客人姓名、房间号码等，由经办人签字后，妥善保管此表备查。

表 5—4　　　　　　　保险箱服务卡

Safety deposit box Service Card

<table>
<tr><td colspan="4">服务时间
Service Hour　07：00—23：00</td><td>箱号
Box No.</td></tr>
<tr><td>房号
RM NO.</td><td colspan="2">姓名
Name</td><td>签名样式
Specimen Signature</td><td>经手人
Approved By</td></tr>
<tr><td></td><td colspan="2"></td><td></td><td></td></tr>
<tr><td colspan="2">签名
Counter signed</td><td>日期
Date</td><td>签名
Counter signed</td><td>日期
Date</td></tr>
<tr><td colspan="2"></td><td></td><td></td><td></td></tr>
<tr><td colspan="2"></td><td></td><td></td><td></td></tr>
<tr><td colspan="2"></td><td></td><td></td><td></td></tr>
</table>

请阅读说明

Please See Conditions

1. 如遗失此钥匙，必须更换新锁，您须照价赔偿。

2. 如果您退房离店时未能将此钥匙交回总台收款处，本饭店有权自行开启并移出保管物品，不负任何责任。

3. 我认可已取走所有存放物品，以后与饭店无关。

1. If this key is lost，we will not only replace a new key but a new lock，you will be charged of the cost. Please take good care of the key.

2. The hotel management reserves the right to open the box and remove contents，without liability，if key is not surrendered when guest departs from hotel.

3. I hereby acknowledge that all property stored in the safe box has been safely withdrawn there from，and liability of said hotel therefore is released.

住客签名 Guest Signature ________________

房号 RM NO. __________　　　　日期 Date __________

二、中途开箱程序

（1）请客人出示房间钥匙及保险箱钥匙，在贵重物品保管卡上签名认可。中途存入、取出贵重物品，必须由客人本人亲自办理，不能由其他人员代替办理。

（2）核对客人签名，看是否与原始保管卡上的签名笔迹相符合，如果没有疑问，可以开箱存取。

（3）开箱完毕，经办人在保管卡上签名，记录开启保险箱日期与时间。

（4）经办人在保险箱使用登记表上登记备案。

三、退箱程序

（1）当客人提出退箱、终止使用时，请客人出示保险箱钥匙，在保管卡上的终止栏内注明终止日期与时间，客人本人签名。

（2）在客人取出贵重物品后，当班收银员要检查保管箱内是否有遗留物品，锁上保管箱，收回客用钥匙及服务卡副本。

（3）当班收银员在保险箱使用登记表上登记退箱日期及时间，并在经办人栏目中签名。

四、住店客人保险箱钥匙遗失处理

当客人将保险箱钥匙丢失后要取出所存贵重物品时，首先客人要按照中国旅游饭店行业规范中有关保管客人贵重物品的规定，赔付相关金额。其次，请客人在贵重物品保管卡正、副本上注明钥匙遗失并签字确认。最后，应在大堂经理、保卫科人员、当班收银员以及客人在场的情况下，由饭店工程部有关人员将保险箱打开，开箱后由各部门人员签字，备案。

链接

中国旅游饭店行业规范中有关保管客人贵重物品的规定

（1）饭店应当在前厅处设置有双锁的客人贵重物品保险箱。贵重物品保险箱的位置应当安全、方便、隐蔽，能够保护客人的隐私。饭店应当按照规定的时限，免费提供住店客人贵重物品保管服务。

(2) 饭店应当对住店客人贵重物品的保管服务做出书面规定，并在客人办理入住登记时予以提示。违反上条和本条规定，造成客人贵重物品毁损灭失的，饭店应当承担赔偿责任。

(3) 客人寄存贵重物品时，饭店应当要求客人填写贵重物品寄存单并办理有关手续。

(4) 饭店客房内设置的保险箱仅为住店客人存放一般物品之用。对没有按规定将贵重物品存放在饭店前厅贵重物品保险箱内造成客房里客人的贵重物品灭失、损毁的，如果责任在饭店一方，可按一般物品予以赔偿。

(5) 如无事先约定，在客人结账退房离开饭店以后，饭店可以将客人寄存在贵重物品保险箱内的物品取出，并按照有关规定处理。饭店应当将此条规定在客人贵重物品寄存单上明示。

(6) 客人如果遗失饭店贵重物品保管箱的钥匙，除赔偿锁匙成本费用外，饭店还可以要求客人承担维修保险箱的费用。

培训大纲建议

一、培训目标

通过培训，使培训对象能掌握前厅服务的相关知识和基本操作程序，在进入饭店后基本胜任前厅部工作，并将所学知识灵活运用到实际工作中，为今后从事管理工作打下良好基础。

1. 理论知识培训目标

（1）知道前厅部在饭店管理中的地位、特点及任务。

（2）了解饭店前厅部的组织机构以及各岗位的职能。

（3）熟悉前厅部的工作环境。

（4）熟知客房预订业务的基础知识。

（5）熟知入住登记工作的相关知识。

（6）熟知客账管理工作。

（7）熟知前厅部的相关业务知识与服务流程。

2. 操作技能培训目标

（1）熟练掌握饭店客房的预订推销技巧。

（2）熟练掌握客房预订的流程。

（3）熟练掌握散客和团队客人的接待程序。

（4）准确填写各种表单及熟练使用办公设备。

（5）熟练掌握退房结账手续及贵重物品保管服务程序。

二、培训课时安排

总课时数：160 课时

理论知识课时：64 课时

操作技能课时：96 课时

具体培训课时分配见下表：

培训课时分配表

培训内容	理论知识课时	操作技能课时	总课时	培训建议
第一单元　前厅部与前厅的基本认知	10	10	20	本单元为基础单元，通过学习让学生认识和知道前厅部的地位、特点、任务及机构设置的基本原则和各岗位的职能。熟悉前厅的环境要求及布局的划分功能。掌握前厅服务员的素质要求。 **重点**：培养学生良好的基本素质，要求把学到的知识活学活用，为今后胜任前厅工作打好基础。 **建议**：带领学生参观一家饭店，让学生了解认识前厅。
模块一　前厅部认知	4		4	
模块二　前厅的相关知识	2	4	6	
模块三　前厅服务员的基本素质	4	6	10	
第二单元　客房预订服务	18	28	46	本单元介绍了客房预订业务的基础知识，让学生了解并熟知客房预订的类型和方式。 **重点**：掌握客房预订的操作技能，会审核、填写相关表单，同时能合理安排好预订业务。 **建议**：(1) 让学生以小组为单位分别采用不同的预订方法来预订客房，收集饭店预订过程的相关资料。(2) 用角色演练的方式练习预订服务的流程。
模块一　客房类型与房价种类	2		2	
模块二　预订方式和类型	4		4	
模块三　预订的流程	8	24	32	
模块四　预订的表单和设备	4	4	8	

续表

培训内容	理论知识课时	操作技能课时	总课时	培训建议
第三单元　接待服务	22	38	60	本单元详细介绍了入住接待的相关知识。 **重点**：熟悉总台接待中需要使用的各种表格和设备，熟练处理宾客的入住登记业务。 **难点**：熟练掌握为散客和团体宾客办理入住登记手续，并能处理好接待业务中的常见问题。 **建议**：通过老师的示范讲解及学生们的情景观摩、演练，使学生掌握宾客入住接待中的各项技能。
模块一　入住登记	2	4	6	
模块二　表单的认知与填写	2	2	4	
模块三　入住接待程序	18	32	50	
第四单元　结账服务	4	10	14	**重点**：通过理论知识的学习和技能操作的训练，使学生掌握退房结账手续的办理。 **难点**：不同种类付款的结账方法及设备的使用。 **建议**：让学生模拟练习散客和团体结账。
模块一　客账管理	2	2	4	
模块二　客账结算	2	8	10	

续表

培训内容	理论知识课时	操作技能课时	总课时	培训建议
第五单元　前厅相关服务	10	10	20	
模块一　礼宾服务	2	2	4	**重点**：通过理论知识的学习和操作技能的训练，让学生了解和掌握礼宾部、问讯处、电话总机、商务中心、贵重物品保管等部门的对客服务规程。 **建议**：用一天的时间实地参观饭店内的相关服务部门，让学生了解其工作内容。
模块二　问讯服务	2	2	4	
模块三　电话服务	2	2	4	
模块四　商务中心服务	2	2	4	
模块五　贵重物品保管服务	2	2	4	
合　计	64	96	160	

参 考 文 献

1. 吴军卫. 饭店前厅管理. 北京：旅游教育出版社，2008

2. 洪涛. 前厅运转实务. 北京：旅游教育出版社，2010

3. 吴梅. 前厅服务. 北京：高等教育出版社，2007

4. 范运铭. 客房服务与管理. 北京：高等教育出版社，1991

5. 徐文苑，严金明. 饭店前厅管理与服务. 北京：清华大学出版社，北京交通大学出版社，2004

6. 雅杰. 职业技能鉴定教材：前厅服务员（初级、中级、高级）. 北京：中国劳动社会保障出版社，2001

7. 雅杰，沈群. 旅游服务教学案例. 北京：旅游教育出版社，1994

8. 国家旅游局人事劳动教育司. 客房服务（初级、中级、高级合订）. 北京：高等教育出版社，1991

9. 中国旅游饭店业协会. 中国旅游饭店行业规范. 北京：中国旅游出版社，2002